Kohlhammer

Der Autor

Prof. Dr. phil. Ralf T. Vogel ist Psychotherapeut, Psychoanalytiker und Verhaltenstherapeut. Er habilitierte im Fachbereich Psychotherapiewissenschaften an der Sigmund Freud PrivatUniversität Wien und ist Honorarprofessor für Psychotherapie und Psychoanalyse an der Hochschule für Bildende Künste Dresden. Ralf T. Vogel ist Mitglied verschiedener wissenschaftlicher Gremien und Autor zahlreicher Fachbücher. Zudem ist er Lehranalytiker, u. a. am C. G. Jung Institut Zürich. In Ingolstadt arbeitet er in einer Privatpraxis für Psychotherapie und Supervision.

Ralf T. Vogel

Kollektives Trauern

Eine tiefenpsychologische Perspektive

Verlag W. Kohlhammer

Dieses Werk einschließlich aller seiner Teile ist urheberrechtlich geschützt. Jede Verwendung außerhalb der engen Grenzen des Urheberrechts ist ohne Zustimmung des Verlags unzulässig und strafbar. Das gilt insbesondere für Vervielfältigungen, Übersetzungen, Mikroverfilmungen und für die Einspeicherung und Verarbeitung in elektronischen Systemen.
 Pharmakologische Daten, d. h. u. a. Angaben von Medikamenten, ihren Dosierungen und Applikationen, verändern sich fortlaufend durch klinische Erfahrung, pharmakologische Forschung und Änderung von Produktionsverfahren. Verlag und Autoren haben große Sorgfalt darauf gelegt, dass alle in diesem Buch gemachten Angaben dem derzeitigen Wissensstand entsprechen. Da jedoch die Medizin als Wissenschaft ständig im Fluss ist, da menschliche Irrtümer und Druckfehler nie völlig auszuschließen sind, können Verlag und Autoren hierfür jedoch keine Gewähr und Haftung übernehmen. Jeder Benutzer ist daher dringend angehalten, die gemachten Angaben, insbesondere in Hinsicht auf Arzneimittelnamen, enthaltene Wirkstoffe, spezifische Anwendungsbereiche und Dosierungen anhand des Medikamentenbeipackzettels und der entsprechenden Fachinformationen zu überprüfen und in eigener Verantwortung im Bereich der Patientenversorgung zu handeln. Aufgrund der Auswahl häufig angewendeter Arzneimittel besteht kein Anspruch auf Vollständigkeit.
 Die Wiedergabe von Warenbezeichnungen, Handelsnamen und sonstigen Kennzeichen in diesem Buch berechtigt nicht zu der Annahme, dass diese von jedermann frei benutzt werden dürfen. Vielmehr kann es sich auch dann um eingetragene Warenzeichen oder sonstige geschützte Kennzeichen handeln, wenn sie nicht eigens als solche gekennzeichnet sind.
 Es konnten nicht alle Rechtsinhaber von Abbildungen ermittelt werden. Sollte dem Verlag gegenüber der Nachweis der Rechtsinhaberschaft geführt werden, wird das branchenübliche Honorar nachträglich gezahlt.
 Dieses Werk enthält Hinweise/Links zu externen Websites Dritter, auf deren Inhalt der Verlag keinen Einfluss hat und die der Haftung der jeweiligen Seitenanbieter oder -betreiber unterliegen. Zum Zeitpunkt der Verlinkung wurden die externen Websites auf mögliche Rechtsverstöße überprüft und dabei keine Rechtsverletzung festgestellt. Ohne konkrete Hinweise auf eine solche Rechtsverletzung ist eine permanente inhaltliche Kontrolle der verlinkten Seiten nicht zumutbar. Sollten jedoch Rechtsverletzungen bekannt werden, werden die betroffenen externen Links soweit möglich unverzüglich entfernt.

1. Auflage 2024

Alle Rechte vorbehalten
© W. Kohlhammer GmbH, Stuttgart
Gesamtherstellung: W. Kohlhammer GmbH, Stuttgart

Print:
ISBN 978-3-17-041838-7

E-Book-Formate:
pdf: ISBN 978-3-17-041839-4
epub: ISBN 978-3-17-041840-0

Für Sabine

Inhalt

Einführung 9

1 **Zuallererst: Trauer und Tod** 13

1.1 Zur Psychologie der Trauer 16
1.2 Die existenzielle Hypothese der (kollektiven) Trauer 26

2 **Zur Begriffsklärung: Was genau meint *kollektive* Trauer?** 29

2.1 Kollektiv – makrosozial – gruppenbezogen 29
2.2 Ergriffenheit 35
2.3 Trauer als intersubjektives Geschehen 36

3 **Die Funktion des Rituals** 39

3.1 Ritualtheorien 39
3.2 Ritual und Trauer 40

4 **Einschub: Trauer und Gedenkkultur** 44

5 **Formen kollektiver Trauer** 51

6 **Die Orte der (kollektiven) Trauer** 55

7 **Kunst und kollektive Trauer** 60

8 **Weitere Funktionen kollektiven Trauerns** 63

| 9 | Trauerpolitik – Psychopolitik | 66 |
| 10 | Ein Anwendungsbeispiel zum Abschluss: Die Mega-Trauerevents: Queen Elizabeth II., Lady Diana und Tina Turner | 70 |

Literatur 76

Einführung

Dem ersten Eindruck folgend verweist der Begriff der Trauer auf ein höchst subjektives seelisches Geschehen in Reaktion auf einen stattgefundenen, manchmal auch bevorstehenden Verlust. Allerdings ist dieses individuelle, das gesamte Individuum betreffende Phänomen Trauer seit jeher eingebettet in soziale Gefüge, beginnend mit der Familie oder peer-group bis hin zu Großgruppen, Institutionen und Nationen, ja bisweilen scheint sich ein Großteil der Welt in Trauer zusammenzufinden. Sie wird damit zu einem sozialen Phänomen und soziale Phänomene sind unter einem psychologischen Blickwinkel Gegenstand von Sozialpsychologie, Ethnopsychologie, Politischer Psychologie etc. In diesem Buch erfolgt der Versuch einer solchen psychologischen Annäherung unter einer tiefenpsychologischen, d. h. von der Psychoanalyse und der Analytischen Psychologie abgeleiteten Perspektive.

Wichtig ist an dieser Stelle auch zu betonen, dass eine (tiefen-)psychologische Herangehensweise an ein gesellschaftliches Phänomen natürlich nicht andere Verstehens- und Erklärungsansätze, wie etwa soziologische, kulturwissenschaftliche oder politologische Zugänge, obsolet macht. Im Gegenteil, es wird der Anspruch erhoben, eine durchaus bedeutsame aber immer auch zusätzliche Sichtweise zu einem komplexen sozialen Gesamtthema beizusteuern.

Beobachtet man im Besonderen makrosoziale Trauerphänomene, so werden anhand ihrer Struktur (z.B. Inszenierungen und Ritualisierungen) und ihren vorherrschenden Emotionen (z.B. Ergriffenheit) rasch Assoziationen zu den Grundkonzepten der Analytischen Psychologie in der Nachfolge C. G. Jungs (Vogel 2018) geweckt. Diese verfügt zudem über eine jahrzehntelange Tradition in der theoretischen und praktischen Befassung mit Trauerthemen (Kast 2011, 2013, Brodersen 2023).

Die Nutzung psychologischer Ansätze, um gesellschaftliche Phänomene besser zu verstehen und dazu auch die Kenntnisse der Psychoanalyse heranzuziehen, hat also zahlreiche historische Vorläufer und ist auch heute noch weit verbreitet. Wie bei ihren Altvorderen, so ist zudem auch bei den zeitgenössischen ProtagonistInnen der Psychoanalyse mit steigendem Lebensalter ein gewisser Shift der Interessen und der Veröffentlichungen weg von klinisch-psychotherapeutischen Topi hin zur Befassung mit Gesellschaft, Politik, Kultur und Religion zu beobachten. Heute gibt es eine gewisse Anzahl an wissenschaftlich untersuchten psychologischen Trauermodellen wie etwa die inzwischen umstrittenen und relativierten aber dennoch nach wie vor sehr populären Phasenmodelle (z.b. Bowlby 1984, Kübler-Ross & Kessler 2005). Hinzu kommen Traueraufgabenmodelle (z.b. Worden 2002), sog. Continuing-Bonds-Theorien (z.b. Field 2006) oder das Duale Prozessmodell der Trauer (z.b. Stroebe & Shut 1999). Trauer hat solche individuell-psychologischen Fundamente, aber es gibt auch biologische, spirituelle und eben auch soziale Komponenten. Trauer hat immer auch eine interpersonelle Seite, ist zunächst dyadisch auf den/die/das Verlorene bezogen, betrifft aber auch unseren Umgang mit anderen, noch lebenden Menschen. Trauer fühlt sich subjektiv bisweilen an wie eine Depression, ist aber doch meist klar von ihr zu unterscheiden, auch wenn moderne psychiatrische Diagnose- und Behandlungsschemata heute wieder Ähnlichkeiten aufweisen: »Bei der Trauer ist die Welt arm und leer geworden, bei der Melancholie ist es das Ich selbst« so schon Freud (1916/2010, S. 431). Die Diskussion über die Kriterien, ab wann Trauer ins Pathologische übergeht, ist in der Fachwelt bis heute jedoch heiß diskutiert. Es wird – teilweise zurecht – befürchtet, dass die enorme Bandbreite an Trauerverläufen (z.b. Bonanno u.a. 2008) in die Dichotomie Gesund vs. Krank eingezwängt, Etikettierungen unterworfen und/oder einer neoliberalen Logik untergeordnet wird, denn »Trauer, so viel wissen wir aus der Forschung, hemmt aber Leistungsbereitschaft und -fähigkeit, lenkt von den Erfordernissen des schulischen und beruflichen Alltags ab und widerspricht daher der ökonomischen Logik des Funktionierens« (Geldmacher, Metz & Musiol 2019, S. 1). Jegliche Pathologisierungstendenzen müssen also auch auf ihre ideologisch-politische (Mit-)Begründung hinterfragt werden. Schwere Trauerverläufe werden bisweilen auch dem Cluster der Depressionen oder der Traumafolgestörungen zugeordnet. Trauer als psychische Störung, etwa die sog. Anhaltende Trauerstörung (Prolonged Grief Disorder PGD), wäre z. B. nach den Kriterien des 2019 von der WHO verabschiedeten Diagnosemanuals ICD-11 anhand von sog. Kern- sowie akzessorischen Symptomen zu bestimmen. Sie ist z. B. dann zu diagnostizieren, wenn nach mindestens sechs Monaten nach dem Verlust, anhaltende und tiefgreifende Gefühle der Sehnsucht und des Verlangens nach dem/der Verstorbenen oder anhaltende Beschäftigung mit ihm/ihr oder den Umständen des Todes zu beobachten sind. Dazu gehören auch intensiver emotionaler Schmerz, Verbitterung, Verleugnung oder Vermeidungsverhalten und wesentliche Beeinträchtigungen im alltäglichen Lebensvollzug. Das alles soll die jeweils gesellschaftlich und kulturell erwartbaren Trauerreaktionen sichtbar übersteigen, womit als Novum in die psychiatrische Diagnostik eine kulturelle Abwägung aufgenommen wurde (vgl. z. B. Maerker & Eberl 2022). Extreme sind häufig auch in der Nähe von Traumatisierungen angesiedelt, so dass eine gelungene Trauerverarbeitung und -integration auch als Möglichkeit von Traumabearbeitung bzw. als Prophylaxe längerfristiger posttraumatischer Belastungsreaktionen gelten kann.

Wegen der oft auch latenten, wenig bewussten (sozial-)psychologischen Komponenten der Trauer geht das vorliegende Buch aus von vorwiegend psychodynamischen Auffassungen von Trauer, versucht auf diesem Hintergrund ein Verständnis gesellschaftlicher Trauerphänomene und befasst sich somit auch mit »der psychokulturellen und psychopolitischen Bearbeitung« (Wirth 2022, S. 189) großer, d. h. auf viele Menschen wirkende Verlustereignisse. Dies erfolgt allerdings immer unter Berücksichtigung der bereits von Freud und seinen ersten Anhängern erkannten »Schwierigkeit der Anwendung der Psychoanalyse« auf komplexe gesellschaftliche Phänomene (in unserem Fall der kollektiven Trauer) und der begrenzten Möglichkeit,

Kollektive einfach als »Großindividuen« (Le Rider 2023, S. 40) aufzufassen und am Individuum gewonnene Einsichten auf diese zu übertragen. Durch öffentliche Debatten, wie etwa um den gesellschaftlichen Umgang mit den in der Corona-Pandemie Verstobenen, wird immer wieder eine breite Unsicherheit bei den politischen und administrativen Entscheidungsträgern bzgl. einer adäquaten sozialen Verankerung von Trauerprozessen deutlich. Art, Sinn und Nutzen einer inszenierten kollektiven Trauer bzw. eines Gedenkens abseits der etablierten, sich v. a. auf Geschehnisse in Zusammenhang mit der Naziherrschaft und hier v. a. auf den Holocaust beziehenden Zeremonien bleiben unklar, mit der Folge ausbleibender Wirkung oder bisweilen unbeholfen erscheinender Maßnahmen. Und dies, obwohl, so scheinen die spektakulären Trauerevents etwa um den Tod der britischen Prinzessin Diana (Lady Di) 1997 aufzuzeigen, ein erhebliches kollektives Trauer-Bedürfnis besteht. Das Buch will diese Problemlagen aufzeigen und mit tiefenpsychologischen Wissensbeständen bzgl. Trauer und kollektiver Verunsicherung abgleichen. Einzelne soziologische und sozialphilosophische Überlegungen werden hinzugezogen.

Und noch eine Bemerkung vorneweg: Psychologische Aussagen über gesellschaftliche Phänomene weisen immer über wissenschaftliche Betrachtungsformen (etwa anhand von empirischen Studien oder wissenschaftlicher Theorien) hinaus und spiegeln immer auch politische und gesellschaftliche Einschätzungen und Haltungen und auch die Positioniertheit der AutorInnen wider. Dies wird auch im vorliegenden Text nicht anders sein. Er möchte, nicht zuletzt aus diesem Grunde, denn auch als Denk- und Diskursgrundlage dienen und beinhaltet nicht den Anspruch auf eine geschlossene und forscherisch überprüfbare Hypothese. Existenzielle Themen wie das der Trauer und sozialpolitische Themen wie das des Kollektiven fordern beständig das eigene Denken und die eigene Stellungnahme heraus.

1 Zuallererst: Trauer und Tod

Über 900.000 Menschen sterben in Deutschland pro Jahr, weltweit sind es wohl 50 bis 60 Millionen. Dies und die vielen sonstigen alltäglichen und außergewöhnlichen Verluste machen die große Bedeutung des Trauerthemas klar. Trauer, egal welcher Art, ist immer auch »[...] der Extremfall des Hereinragens des Todes ins Leben« (Kast 2013, S. 182) und es ist unmöglich, sich mit individuellen oder sozialen Trauergeschehnissen zu befassen, ohne diesen Zusammenhang voranzuschicken. Trauer ist diejenige zugrundeliegende Gefühlsmelodie, die auch diejenigen Verlustverarbeitungen begleitet, die nicht primär mit Todesfällen zu tun haben. Nicht nur der Verlust, sondern v. a. das durch relevante Verluste zwangsläufig konstellierte Todesthema ist das primäre Motiv der Trauer. Die leitende Hypothese dabei ist, die Trauer als die zentrale anthropologische Einbruchstelle des Todes ins menschliche Dasein zu betrachten. Gleichzeitig ist sie die hervorragende Möglichkeit, sich dem Phänomen des Todes und des Sterbenmüssens überhaupt anzunähern. Seit Anbeginn von Philosophie und Religion beschäftigt den Menschen die Frage nach dem Tod und damit, was darüber zu wissen bzw. wie darüber zu sprechen sei. »Das Wesen des Todes, eine Grenzwahrnehmung, die dem Ausdruck widerstrebt; eine metaphysische Verwirrung« so der rumänische Philosoph Emil Cioran (1980, S. 48). Die wissenschaftliche Auseinandersetzung mit dem Tod, die Thanatologie, ist die aporetische Disziplin par excellence. Wie also sich ihm annähern, wie eine Ahnung von ihm erhaschen? Eine Antwort kann sein: in der und durch die Trauer. »Der Tod des Nächsten: das ist unendlich viel mehr als der Tod des Anderen im Allgemeinen«, schreibt Paul Ludwig Landsberg (2009, S. 34), mit ihm/ihr sterben wir, wenn wir uns wirklich einlassen, ein Stück mit und können so dem Tode selbst nahekommen.

Die genannte Wissenschaft vom Tode, die Thanatologie, ist zusammengesetzt aus Psychologie, Soziologie und Philosophie, den

Kultur- und Religionswissenschaften sowie einigen speziellen »Psych«-Disziplinen. Diese sind v. a. die Thanatopsychologie (z. B. Wittkowski 1978), in jüngerer Zeit auch die Thanatopsychotherapie (z. B. Spiegel-Rösing & Petzold 1984, Vogel 2022) bzw. die v. a. die Erkenntnisse der psychoanalytischen Schulrichtungen nutzende Thanato-Tiefenpsychologie (z. B. Vogel 2023a). Aktuell sind jedoch thanatologische Themen akademisch kaum mehr als eigenständige wissenschaftliche Disziplin vertreten, sondern integrieren sich in die derzeit im Aufwind befindliche Palliativforschung. Sie ist glücklicherweise mit immer mehr Lehrstühlen an den Universitäten vertreten, weist allerdings insgesamt doch einen anderen, nämlich medizinischen, Schwerpunkt auf.

Die Tatsache, dass das »[...] Wissen zögert angesichts des Todes« (Han 1998, S. 11), bringt es zwangsweise mit sich, dass bei den unterschiedlichen Formen der Annäherung nicht das Kognitive, sondern das Emotionale rasch in den Vordergrund drängt. Nonverbale und künstlerische Medien gewinnen daher bei der Auseinandersetzung mit allen todesassoziierten Themen (so auch bei der Trauer) an Bedeutung (Musik, Dichtung, Bildende Kunst etc., ▶ Kap. 7), ebenso wie Schweigen und stille Präsenz, Gesten und Körpersprache sowie Szenen und In-Szene-Setzungen.

Ohne es immer bewusst wahrzunehmen, begegnen uns Todesthemen beständig im privaten, aber auch im gesellschaftlichen Kontext: Die politischen Debatten um Abtreibung, Organspende und Sterbehilfe, der Palliativ- und Hospizarbeit, das *sensation seeking* (Bungee-Jumping, Drachenfliegen), Krimis, Horrorfilme, Games, Death-Metal, Grufties etc. sind hier beispielhaft zu nennen und eben auch makrosoziale Trauerinszenierungen. Die heutige Spät- bzw. Postmoderne bringt eine Vielzahl an neuen todesassoziierten Entwicklungen hervor: Je höher der Grad der Individualisierung, desto größer scheinen Trauergefühle und Todesangst sich auszudrücken. Das Zurückweichen weitgehend akzeptierter Autoritäten bringt die Gefahr von Orientierungslosigkeit und Vereinzelung sowie die Notwendigkeit der *individuellen* Konzeptentwicklung (*Privatisierung*) bzgl. Sterblichkeit und Tod mit sich. Die daraus folgenden Privatisierungen von Lösungsversuchen existenzieller Themen bergen die Gefahr von Beliebigkeit und damit Wirkungslosigkeit sowie, in Abwehr davon, die Gefahr der Faszination einfacher Lösungen. Gesellschaftlich stehen wir am Gipfel- (und vielleicht auch Scheitel-)punkt einer radikalen Medikalisierung von Sterben, Trauer und Tod und sehen deren esoterische (und spirituelle?) Gegenbewegungen. Gleichzeitig haben die medizinischen Methoden des Bekämpfens (schon der ersten Anzeichen) biologischer Vergänglichkeit (z. B. in der Plastischen Chirurgie) einen neuen vergänglichkeitsfeindlichen Boom ausgelöst. Dies alles geht einher mit einer Art Leistungszwang am Lebensende: Sterben und Trauer sollen zu einer »performance der Individualität« (Kamann 2009) gemacht werden. Auch die Ökonomisierung vieler Todesthemen (Privatfriedhöfe, narzisstischer Darstellungsdruck der Grabstätte, Privatisierung palliativer Einrichtungen) und öffentlich-administrative Regelungen (etwa im Hinblick auf die Bürokratisierung der Bestattung) sind hier zu nennen. Von besonderer Bedeutung ist hier das Todeskonzept (z. B. Wittkowski 1990), das zu definieren ist als »die bewusste oder zumindest vorbewusste, d.h. potenziell durch Anstrengung bewusstseinsfähige Sicht des Ich auf das eigene Selbst im Hinblick auf dessen zeitliche und räumliche Grenzen und damit Ende. Es enthält – analog dem Selbstkonzept – bestimmte kognitiv-affektive Strukturen und Inhalte« (Vogel 2016a, S. 91). Das Todeskonzept verweist auf die Notwendigkeit einer bewussten Entwicklung der eigenen, höchstpersönlichen Haltung zu Sterben und Tod. Es entfaltet sich entlang entwicklungspsychologisch festmachbarer Schritte sowie lerngeschichtlich, aber auch immer neu in aktuellen Auseinandersetzungen anhand von Todeskonfrontationen. Hier kommen auch soziale und kulturelle Einflussfaktoren ins Spiel, so dass individuelle Todeskonzepte immer auch zu bestimmten Anteilen die *Psyche* der Zeit und des Ortes widerspiegeln. Dabei kommt der Befassung mit Themen rund um die Bestattung (der eigenen oder der nahestehender Menschen) eine besondere Aussagekraft bzgl. des Todeskonzepts zu. Gemäß einer repräsentativen Studie Trauernder (FriedWald 2017) wünschten sich zwei Drittel der befragten Trauernden ein individuelles Begräbnis ihrer Verstorbenen, 76%

wünschten sich einen Ort des Gedenkens. Gerade Letzteres ist ein Bedürfnis, das auch in kollektiven Trauerszenarien eine bedeutende Rolle spielt (▶ Kap. 6).

1.1 Zur Psychologie der Trauer

Zahlreiche psychologische Modelle der Trauer konzipieren diese als subjektive, ganzheitliche und multifaktorielle Reaktion eines Menschen auf einen bedeutsamen Verlust, unabhängig davon, ob es sich um einen Menschen, ein Ding oder vielleicht auch eine ideelle Vorstellung handelt (z.B. Bonanno 2001). Wir hatten die Trauer bereits als untrennbar mit dem Todesthema verbunden beschrieben. Die zugehörige existenzielle Sichtweise betont: Alle möglichen Verluste und Trennungen erhalten ihre emotionale *Ladung* v.a. durch ihre Verwandtschaft mit dem Tod. Die in vielen althergebrachten Definitionen in den Fokus gestellten einzelnen oder kollektiven Verlustereignisse werden dann als *Trigger* für das existenzielle Todesthema gedacht (▶ Kap. 1.2):»Trauern bezeichnet ursprünglich den langanhaltenden seelischen Schmerz, wie er vornehmlich aus einem tragischen Erlebnis, einer schmerzlichen Entbehrung erwächst oder einen Zustand dieser Art begleitet. Der Gebrauch des Wortes hat sich in diesem Sinne mehr und mehr auf die Totentrauer, besonders ihre äußere Bezeugung eingeschränkt« so das *Deutsche Wörterbuch* der Gebrüder Grimm von 1852 (Grimm & Grimm 1984). Freud betont zusätzlich die Beziehungsdimension, wenn er schreibt:»Trauer ist regelmäßig die Reaktion auf den Verlust einer geliebten Person oder einer an ihre Stelle gerückte Abstraktion wie Vaterland, Freiheit, ein Ideal usw.« (Freud 1916/2010, S. 197). Hier wird deutlich, dass der Trauer grundsätzlich keinerlei Pathologie anhaftet,»der Trauervorgang ist erwachsene seelische Natur« (Beland 2003, S. 244). Mit Karl Jaspers ist echte Trauer auch eine existenzielle Grenzsituation:»Situation wird zur Grenzsituation, wenn sie das Subjekt durch radikale

Erschütterung seines Daseins zur Existenz erweckt.« (Jaspers 1956, S. 56) und dies ist bei der Trauer wohl vollumfänglich gegeben.

Der Begriff der Trauer ist so selbstverständlich Teil der Allgemeinsprache, dass aus psychologischer Perspektive dadurch eine Verflachung und Vereinfachung droht. Trauer ist primär ein Affekt, gehört sogar, folgt man den Erkenntnissen der modernen Emotionsforschung, zu den kulturübergreifend beobachtbaren Primäraffekten, zusammen etwa mit Furcht oder Wut (z. B. Krause 1998). Sie gehört damit zur *existenziellen* Ausstattung des Menschen und muss nicht zuvor erlernt oder vermittelt werden. Als Affekte bezeichnet man ausgedrückte, oft in Handlung umgesetzte Emotionen. Diese wiederum sind in erster Linie körperliche Empfindungen, wir spüren etwa einen engen Brustkorb, Schweiß oder erhöhten Puls. Dazwischen angesiedelt sind die Gefühle als bewusst gewordene und kognitiv interpretierte bzw. eingeordnete Emotionen.

Trauer ist ein komplexes kognitives, emotionales, psychophysiologisches und verhaltensbezogenes Reaktionsmuster auf Verluste, ein komplex zusammengesetzter Affekt, was u. a. zum Fehlen der Formulierung einer allgemeinen psychoanalytischen Affekttheorie (z. B. Döll-Hentschker 2008) beitrug: Angst, gedrückte Stimmung, Verzweiflung, Ohnmacht, Wut, Enttäuschung, Schuldgefühle, Sehnsucht, Vernichtungsgefühle, aber auch Erleichterung, Freude, Genugtuung mischen sich in sehr unterschiedlichen Verhältnissen. Emotionspsychologisch ist »Trauer [...] die Emotion, durch die wir Abschied nehmen, Probleme der zerbrochenen Beziehung aufarbeiten und so viel als möglich von der Beziehung und von den Eigenheiten des Partners integrieren können, sodass wir mit neuem Selbst- und Weltverständnis weiter zu leben vermögen« (Kast 2013, S. 10).

Für unser Thema zusammengefasst meint der Begriff der Trauer allgemein die ganzheitliche Reaktion eines Menschen auf das durch einen bedeutsamen Verlust angeregte Gewahrwerden der Endlichkeit. In einem spezifischeren Verständnis geht es dagegen eingegrenzt um Trauer als existenzielle Lebenserfahrung in Folge des Todes einer wichtigen Beziehungsperson.

1 Zuallererst: Trauer und Tod

Nicht ausgenommen werden soll ausdrücklich die »vorweggenommene Trauer« (pre loss grief), die z. b. Angehörige sterbender Menschen (z. B. Fee u. a. 2021) oder Sterbende selbst (Sterbetrauer; z. b. Frick 2017) betrifft und natürlich ebenso auf andere Verluste bezogen werden kann. Trauer ist meist vergangenheitsorientiert, auf das Verlorene bezogen. Aber es gibt eben auch die vorwärts gerichtete Trauer. Hier wird das Abhandenkommen von Zukunft, von etwas Geplantem und Ersehntem betrauert. (z. B. bei Stiller Geburt, vgl. Brier 2008).

Wie das Todeskonzept so ist auch die subjektive Art und Weise der Trauer eingebettet in Zeit und Ort, ist also trotz aller Privatisierung todesbezogener Themen auch Ausfluss kultureller und gesellschaftlicher Vorstellungen bzw. die individuelle Reaktion darauf. Aktuelle Studien weisen etwa darauf hin, dass für Menschen aus dem jüdischen Kulturkreis »das »jüdische Leid« als kollektive Erfahrung und »als bedeutender Einflussfaktor auf verschiedene Aspekte ihrer Wahrnehmung von Trauer und Trauernden« (Tschebiner 2023, S. 245) empfunden wird. Diese anthropologische Komponente gilt natürlich für alle Kulturen und cross-kulturellen Umgebungen und den mit ihnen assoziierten religiösen oder säkularen Trauervorgaben. Und natürlich trauern auch Kinder, je nach Entwicklungsalter und damit verbundener Reife des Todeskonzeptes, anders als Erwachsene (vgl. z. B. Röseberger & Müller 2014, Tyrkas 2017). An dieser Stelle ist ebenso zu erwähnen, dass selbstredend Trauer immer auch unter einer Gender-Perspektive zu betrachten ist. In Deutschland sind ca. 80 % der verwitweten Personen Frauen. Auch der allergrößte Teil der in Hospizen und Hospizvereinen Tätigen ist weiblich, eine intensive Gender-Forschung zu diesem Thema fehlt bis auf Einzelfälle (z. B. Kersting 2005, Muksch & Roser 2023) weitgehend und wäre wünschenswert.

Die wissenschaftliche Disziplin, die sich mit all diesen heterogenen Trauer-Themen auseinandersetzt, ist die oben bereits genannte Thanatologie und ihre modernen Nachfolgerinnen. Dabei ist die wissenschaftliche Erforschung von Trauerphänomenen in den deutschsprachigen Ländern nicht gerade weit verbreitet und oft

1.1 Zur Psychologie der Trauer

müssen Wissensbestände etwa aus den USA mit aller Vorsicht für unsere Verhältnisse nutzbar gemacht werden. Auch die Rezeption wissenschaftlicher Ergebnisse der Trauerforschung bei den therapeutisch und beraterisch tätigen PraktikerInnen lässt bisweilen zu wünschen übrig.

Bei all der trauernden Bewusstwerdung der Trennung von der Welt energetisiert Trauer aber auch in einer fast paradoxen Art das Bindungssystem des Menschen (z. b. Frick 2017) und die vorherrschenden Bindungsstile spielen eine bedeutsame Rolle in der Bewältigung von Abschieden und Verlusten (z. B. Mancini & Bonnano 2009).

Trauer impliziert sämtliche großen existenziellen Parameter: Tod, Sinn, Freiheit und Einsamkeit (▶ Kap. 1.2). Die zentrale existenzielle Frage nach dem Man-selbst-Sein kommt fast reflexhaft auf, die Frage »Ist der/die Verstorbene, ist man selbst, seinem/ihrem (Lebens-)Ziel nähergekommen?« wird virulent. Es ist die Frage nach dem höchsteigenen, authentischen Leben, nach der Erfüllung, der Lebenssattheit oder eben nach dem *ungelebten Leben*. So bedauern nach einer Studie von Gilovich und Medvec (1995) 84 % der zum Lebensrückblick Befragten Nicht-Handlungen, also subjektiv erlebte Versäumnisse, nur 16 % bedauern tatsächliche Handlungen. Die zur Trauer gehörige, jedoch nicht wirklich endgültig beantwortbare Frage nach dem Warum und Weshalb des Verlustes der Trennung führt bei gutem Verlauf zur Orientierung auf das Wohin und Wozu des weiteren Lebens.

Neben diesen ganz grundsätzlichen Herausforderungen der Trauer beschreibt Worden (2009) sinngemäß aktuell folgende pragmatische Traueraufgaben:

1. Den Verlust als Realität akzeptieren.
2. Den Trauerschmerz erfahren.
3. Sich an eine Umwelt anpassen, in der der/die Verstorbene fehlt.
4. In ein neues Leben aufbrechen und eine dauerhafte Verbindung zu der verstorbenen Person finden.

1 Zuallererst: Trauer und Tod

Wie in der Einleitung bereits angesprochen, wurden die klassischen Phasenkonzepte der Trauer von modernen Forschungen kaum bestätigt bzw. auch wegen der ihnen inhärenten Gefahr einer Normierung des Trauerns skeptisch betrachtet. Auch die genannten Traueraufgaben sind nicht aufeinander folgend, sondern dynamisch konzipiert. Deutlich wird dabei: Die Trauer ist ein kräftezehrendes Unterfangen, Trauer(-arbeit) ist aktives psychisches Tun. Sie ist erkennbar in psychischem Schmerz, Verlust des Interesses an Äußerem sowie Verminderung der allgemeinen Leistungskraft. »Die Trauerarbeit hat eine ganz bestimmte psychische Aufgabe zu erledigen, sie soll die Erinnerungen und Erwartungen der Lebenden von den Toten ablösen«. (Freud 1916, S. 197). Es handelt sich um eine »besondere Form der Schmerzarbeit« (Beland 2003, S. 244) und der in diesem Zusammenhang allenthalben benutzte Arbeitsbegriff weist auf die Anstrengung und die evtl. auch notwendige Bewusstheit des Unternehmens hin. Er suggeriert aber auch eine Möglichkeit, die Arbeit fertig abzuschließen, etwas, was Freud selbst bei genauer Betrachtung nicht im Sinn hatte. Es geht in dieser Freud'schen psychoanalytischen Urtheorie der Trauer um einen Abzug der Lebensenergie vom Verlorenen, um sie wieder anderweitig investieren zu können und diese Arbeit ist nie vollständig zu leisten, denn, so Freud an anderer Stelle: »Man weiß, dass die akute Trauer nach einem solchen Verlust ablaufen wird, aber man wird ungetröstet bleiben, nie einen Ersatz finden. Alles, was an seine Stelle tritt, und wenn es sie auch ganz ausfüllen sollte, bleibt doch etwas anderes. Und eigentlich ist es recht so. Es ist die einzige Art, die Liebe fortzusetzen, die man ja nicht aufgeben will« (Freud & Binswanger 1929/1992, S. 222 f.).

Aus der Psychoanalyse wissen wir weiterhin: Trauer setzt regressive Bewegungen in Gang, reaktiviert also entwicklungspsychologisch frühere Erlebens- und Verhaltensmuster und Bedürftigkeiten. Sie ist zunächst dyadisch, auf den/die Hinterbliebene/n und den/die Verstorbene/n beschränkt und dient Internalisierungsvorgängen, ermöglicht also den Aufbau des Verlorenen als inneres Bild. Bei diesen Vorgängen spielen bewusste und unbewusste Prozesse eine Rolle, was am Stellenwert der Träume innerhalb des Trauerprozesses sehr eindrücklich wird (Kast 2023). Problematisch ist v.a. der Verlust ambivalent besetzter Objekte. Deren Internalisierung führt auch zur Hereinnahme von Negativem ins seelische Innenleben. Yalom (2014) wies bzgl. des Verlusts negativ besetzter Menschen darauf hin, der Konflikt sei »in der Zeit eingefroren«. Dadurch baut sich bisweilen eine destruktive Wirkung des Verlustes auf.

Trauer bedeutet nicht selten auch eine narzisstische Krise. Auslöser dafür ist nicht der Verlust selbst, sondern die »Infragestellung einer Lebens- und Beziehungsweise« (Hohage 2004), die u.U. den Menschen jahrzehntelang stabilisiert hatte. Hier kommt Heinz Kohuts Begriff des Selbstobjektes ins Spiel als diejenige Dimension unseres Beziehungserlebens, die unser eigenes Selbst stützt und stabilisiert (z.B. Kohut 1973). Selbstobjekte können Personen, aber auch Institutionen, Zugehörigkeiten, ja sogar Ideologien sein. Durch unsere Beziehung zu diesen fühlen wir uns kohärent und unseren Selbstwert gestärkt. Der Verlust eines solchen Selbstobjektes ist immer narzisstisch gefährlich und bei einer durch diese Erschwernis nicht gelungenen trauernden Verarbeitung können Depressionen, aber auch Aggressionen die Folge sein. Trauerarbeit im Sinn der Narzissmustheorien meint dann zunächst das zugelassene Erleben eines Mangels im Selbst, das durch den Verlust ausgelöst wird. Die Therapie steht in dem Bemühen, diesen Mangel entweder auszugleichen oder aber erlebbar zu machen, dass dieser zunächst als unaushaltbar erlebte Mangel das Selbst nicht zerstört und es möglich ist, trotz und mit diesem Mangelgefühl (gut) weiterzuleben.

Ein weiterer Aspekt der narzisstischen Dynamik ist die vom in seinem Selbst gefährdeten Individuum zu Abwehrzwecken oftmals in Gang gesetzte Regression auf ein Stadium des infantilen Grandiositätserlebens. Diese narzisstische Dynamik negiert Unverfügbarkeit und (Zeit-)Begrenztheit, der Tod wird erlebt als »Optionenvernichter« (Han 2013, S. 16) bzw. als Zerstörer vormals stabilisierender Allmachtsphantasien.

Trauer weist eine deutliche Ambivalenzstruktur auf: Das Ziel der Trauer ist zwiespältig, es geht um das Aushalten der Dichotomie von Loslassen und Festhalten. Diese Ambivalenztoleranz zu entwickeln

1 Zuallererst: Trauer und Tod

gilt als dynamisches, aber gutes Ergebnis des Trauerprozesses (Funke 2021). Hier ist bereits anzumerken, dass kollektiv-politische Trauer dagegen zumeist auf Eindeutigkeiten hin ausgerichtet ist und damit oft nicht zum Aufbau von Ambivalenztoleranzen beiträgt. Deutlich wird dies bei einem großen Teil öffentlicher Trauerreden, die z. B. auch Opfer-Täter-Vereindeutigungen konstatieren. Die Wahrnehmung seiner oder ihrer Selbst als Opfer oder als schwach, erfolgt dabei sozialpsychologisch betrachtet aufgrund entsprechender Zuschreibungen von außen. Hinterbliebenen und Überlebenden wird, im Sinne eines *Überlebenden-Syndroms*, psychopathologisch etwas Beschädigtes, Beeinträchtigendes und bisweilen Schwaches zugeschrieben. Psychotherapeutisch betrachtet weist aber die Idee des Posttraumatischen Wachstums auf eine positivierbare Sicht auf Trauma und Verlust hin. Jakob Lomranz von der Universität Tel Aviv bringt diese Dynamik mit den Polen »Opferdasein vs. Heldenstatus« (2011, S. 229) bzgl. des Umgangs mit Holocaust-Überlebenden auf den Punkt und beschreibt den auch im Zusammenhang mit der kollektiven Trauer bedeutsamen Aspekt der »Aintegration«: »Aintegration bedeutet, dass ein Individuum in seiner mentalen Konstitution über ein gewisses Niveau an Komplexität verfügt, das ihm die funktionelle Bewältigung des Lebens ermöglicht. Es handelt sich demnach um die Fähigkeit eines Menschen sich wohlzufühlen, auch ohne dass sämtliche bio-psychosozialen Ebenen oder bestimmte Teile jeder Ebene (beispielsweise Kognitionen, Werte, Affekte) zu einem übergeordneten Ganzen integriert werden«. Es geht um »die – leidfreie – Empfindung von Widersprüchen, Inkonsistenzen, Realtivismen, Asynchronismen, Diskontinuitäten, Zwiespälten, Zweideutigkeiten und Absurditäten. [...] Aintegration ermöglicht es dem Individuum, statt durch Manipulierung inkompatibler Inhalts- und Wesenselemente mit seinem Problem dadurch umzugehen, dass er bewusst an solchen Elementen ›festhält‹, mit ihnen lebt, sich aber gleichzeitig wohlfühlt und die Erfahrung von Integrität, gesunder Identität und eines reifen Selbst bewahrt [...]«. Von Bedeutung ist dabei: »Integration und Aintegration sind als selbständige orthogonale Ordnungsprinzipien zu betrachten, im Gegensatz zur konventionellen Sicht, die Integration als positiv und Nicht-Integration (Aintegration) als negativ auffasst.« (Lomranz 2011, S. 232 f.).

Aintegration setzt Ambivalenztoleranz voraus und entbindet von der Verpflichtung zur Vereindeutigung. Sie ist damit auch über die Trauerthematik hinaus von gesellschaftspolitischer Relevanz.

Der Beitrag der Analytischen Psychologie

Die Analytische Psychologie ist diejenige tiefenpsychologische Strömung, die Anfang des letzten Jahrhunderts in der Schweiz von C. G. Jung (1875–1961) und seinen engen MitarbeiterInnen gegründet wurde und seitdem weltweit kontinuierliche Verbreitung und Weiterentwicklung erfährt. In ihrer Geschichte gibt es eine starke Traditionslinie der Beschäftigung mit den Todesthemen beginnend mit C. G. Jungs Schriften (z. B. Jung 1934, GW 8) bis hin zu aktuellen sozial- und kulturwissenschaftlichen und auch klinischen Arbeiten (z. B. Vogel 2022, Brodersen 2023). Es werden dem Trauerprozess wichtige Aufgaben für die Selbst- und Ganzwerdung des Menschen zugeschrieben: »Der Tod vertieft die Sammlung und Innerlichkeit der Seele« so Han (2002) in unbeabsichtigt jungianischer Manier. Trauer ist *individuationsdienlich*, zwingt also zu Fragen bzgl. einer authentischen Existenz, bzgl. Lebensziel und -sinn und der Bedeutsamkeit von Rollen bzw. gesellschaftlichen Positionen. Trauer ist auch immer eine Konfrontation mit intrapsychischen Komplexen, die aus unverarbeiteten Beziehungssituationen hervorgingen. Sie macht z. B. die Ablösung von den Elternkomplexen notwendig und/oder es kommt zur Konstellation z. B. von Verlassenheits- oder Schuldkomplexen. In der Trauerarbeit werden also diese oft das Seelenleben bisher unerkannt beeinträchtigende Komplexe bewusst und können einer Aufarbeitung zugeführt werden.

In analytisch-psychologischem Vokabular ist Trauer immer auch eine Schattenkonfrontation. Unter dem Schatten versteht die Psychoanalyse nach C. G. Jung »alles, was das Subjekt nicht anerkennt und was sich ihm doch immer wieder – direkt oder indirekt – aufdrängt...« (Jung 1939, GW 9/1 § 513). Er besteht aus einem Kontinuum

1 Zuallererst: Trauer und Tod

Abb. 1.1: C. G. Jung (1875–1961)

von völlig unbewussten bis hin zu weitgehend bewusstseinsfähigen Inhalten. Die Trauer selbst ist ein Schattenphänomen, aber auch oft ihre jeweiligen, zu betrauernden Inhalte. Bewusst wird z. B. das gemeinsame *Ungelebte Leben* hinterfragt, ebenso frühere und aktuelle Aggressionen, Versäumtes und Vermisstes. Trauer stellt u. U. den gesamten früheren Lebensentwurf auf den Prüfstand! Die Analytische Psychologie ist auch diejenige tiefenpsychologische Schulrichtung, die wohl am meisten von der vorherrschenden, rein kausalen Betrachtung psychischen Leides absieht und vehement für eine diese relativierende und ergänzende finalitätsorientierte Sichtweise aller

1.1 Zur Psychologie der Trauer

psychischen Phänomene – auch und besonders der Trauer – eintritt (Vogel 2008). Statt nach dem Woher wird hier nach dem Wohin gefragt, in unserem Zusammenhang also: Worauf weisen uns die Traueremotionen und das zu Betrauernde in der Zukunft hin? Trauer wird zu einer Entwicklungsherausforderung, hin zu einer »Transformation des Selbst« (Pieper 2023).

Die Analytische Psychologie betont auch den archetypischen Gehalt von Trauer. Ausgegangen wird hier von einem Archteyp des Todes, des Übergangs und der diesen begleitenden Trauer. Das Konzept der Archetypen beschreibt diese als Strukturinhalte des kollektiven, d. h. hier des menschheitsübergreifenden Unbewussten. Dies wird beschrieben als »ein Teil der Psyche, der von einem persönlichen Unbewussten dadurch negativ unterschieden werden kann, dass er seine Existenz nicht persönlicher Erfahrung verdankt und daher keine persönliche Erwerbung ist. Während das persönliche Unbewusste wesentlich aus Inhalten besteht, die zu einer Zeit bewusst waren, aus dem Bewusstsein jedoch entschwunden sind, indem sie entweder vergessen oder verdrängt wurden, waren die Inhalte des kollektiven Unbewussten nie im Bewusstsein und wurden somit nie individuell erworben [...].« (Jung 1936, GW 9/1, § 88). Und Jung weiter: »Der Begriff des Archetypus, der ein unumgängliches Korrelat zur Idee des kollektiven Unbewussten bildet, deutet das Vorhandensein bestimmter Formen in der Psyche an, die allgegenwärtig und überall verbreitet sind« (ebd., § 89).

Das Archetypenkonzept wird in jüngster Zeit wieder vermehrt und z. T. leidenschaftlich diskutiert und wissenschaftlichen Kriterien unterworfen. Für unseren Zusammenhang soll es genügen, Archetypen folgendermaßen zu definieren:

Archetypen sind unbewusste, menschheitsimmanente (d. d. nicht auf biographische, soziale, kulturelle oder ethnische Aspekte zurückzuführende) Konstanten des Wahrnehmens, Erlebens, Strukturierens und der Motivation. Sprachphilosophisch ist der Begriff der Archetypen bestimmt durch deren Opazität, erkenntnistheoretisch durch deren Aporie. Empirisch fassbar (und damit der empirischen Forschung zugänglich) sind lediglich die Äußerungen der Archetypen im jeweiligen sozio-kulturellen, intersubjektiven und individuellen Kontext, welche wiederum diese Äußerungen maßgeblich gestalten. Die Beziehungspsychologie der Analytischen Psychologie beschreibt die Bildung eines gemeinsamen unbewussten Raums bei allen bedeutsamen zwischenmenschlichen Beziehungen (Vogel 2016b). Haben wir es also mit Verlusten bedeutsamer Personen zu tun, mit denen ein gemeinsames Unbewusstes, ein sog. »Beziehungsselbst« entstehen konnte, so ist Trauer auch als Ablösung aus einem »gemeinsamen unbewussten Raum« aufzufassen. Das Beziehungsselbst als »gemeinsames dynamisches Selbst« ist »die Verinnerlichung der Dynamik der engagierten Beziehung und der damit verbundenen wechselseitigen Belebung von Persönlichkeitsanteilen im Laufe der Zeit« und »im Trauerprozess organisieren wir uns vom Beziehungsselbst auf das eigene Selbst zurück« (Kast 2011, S. 94). Es zeigt sich hier auch: Trauer erzeugt oder regeneriert auch Identität und ermöglicht es, sie zu festigen.

1.2 Die existenzielle Hypothese der (kollektiven) Trauer

Unter *Existenzieller Psychotherapie* versteht deren prominentester internationaler Vertreter Irvin D. Yalom: »einen Ansatz, der vitalistisch, nicht-deterministisch und nichtmechanisch ist, ein Ansatz, der sich auf die ›Gegebenheiten‹ der Existenz bezieht, auf die Unsicherheiten, den Sinn und die Zielsetzung des Lebens, auf den Willen, auf Entscheidungs- und Wahlmöglichkeiten, auf Engagement, auf Veränderung der Haltung und Perspektive« (Yalom 2001, S. 313). Es handelt sich dabei genau genommen nicht um eine eigene Therapieschule, sondern um eine tiefenpsychologische, auf die psychotherapeutische Situation angewandte und sich aus Elementen des französischen Existenzialismus und der deutschen Existenzphiloso-

1.2 Die existenzielle Hypothese der (kollektiven) Trauer

phie speisende Grundhaltung, die in einer unausweichlichen und beständigen Auseinandersetzung der Menschen mit den existenziellen Grundbedingungen des Seins dessen letztendliche Wesenheit sieht.

In der *British School of Existential Analysis* (z. B. v. Deurzen 2002) ergibt sich dadurch auch eine Art *Anleitung zur Lebenskunst*. Es geht zunächst darum, den Menschen zu ermutigen, »seine existenzielle Situation anzuschauen und sich ihr zu widmen« (Yalom 1980/2002, S. 28). Psychologische Denkrichtungen wie etwa die Logotherapie, die Daseinsanalyse oder die Analytische Psychologie heben ganz explizit auf die existenziellen Faktoren des Menschseins ab, während andere, wie etwa die Verhaltenstherapie oder die Systemische Therapie, bisweilen Elemente der Existenziellen Psychotherapie explizit und quasi *von außen* miteinbeziehen, um ihr eigenes Denksystem dadurch zu erweitern. Existenzielle Themen ergreifen den Menschen und haben etwas Appellierendes bzw. einen inhärenten Aufforderungscharakter. Man spürt eine Art eine Dringlichkeit in der Auseinandersetzung, die Themen verunsichern, ängstigen und führen bisweilen sogar zu Gefühlen der Ratlosigkeit und Verzweiflung. Sie wirken bisweilen regressiv und lösen (existenzielle) Suchbewegungen aus.

Trauer ist Teil einer »abschiedlichen Existenz«. In existenzialphilosophischer Art beschreibt Wilhelm Weischedel (1976) diese als eine generelle Lebenshaltung, die bei aller Bindung immer auch ein Stück weit von Objekten und Beziehungen, ja selbst von sich selbst distant bleibt. Bei schweren Verlusten wird sie u. U. Teil des Lebens der Menschen. Bisweilen wird ein zweiter Trauerprozess irgendwann nötig, eine Trauer über die Feststellung der Unbeständigkeit und Vergänglichkeit allen Seins. Es kommt zu einem langsamen Wandel der ursprünglichen, singulär ausgelösten Trauer hin zu einer besonderen Form des Daseins, die sich in der »Grundstimmung einer schwebenden Trauer und einer stillen Melancholie äußert« (Weischedel 1976, S. 196).

In den ersten Kapiteln haben wir bereits eine existenzielle Durchtränktheit jeder echten Trauer festgestellt. Immer geht es um

1 Zuallererst: Trauer und Tod

die Auseinandersetzung mit dem Tod und den mit ihn eng assoziierten Themen wie Einsamkeit, Freiheit oder die Sinnfrage. Trauer setzt mit den durch sie aktivierten menschlichen Grundthemen auch Entwicklungs- und Reifungspotenziale frei. Die große Bereitschaft zur kollektiven Trauer, etwa beim Tod von Berühmtheiten des öffentlichen Lebens (▶ Kap. 10), könnte also auch als Wachstumsimpuls interpretiert werden in einer Welt, in der existenzielle Entwicklungsaufgaben versteckt oder gar verleugnet werden. Somit ergibt sich eine These bzgl. der manchmal völlig übertrieben und in der Biographie der beteiligten Individuen nicht nachvollziehbar, bisweilen hysterisch oder manisch daherkommenden makrosozialen Trauerphänomene, wie wir sie etwa beim Tod von Lady Diana beobachten konnten: Sie können u. a. durch eine kollektive *Nutzung der Gelegenheit* erklärt werden, nun endlich, wenn auch in bisweilen entfremdeter Art und Weise, Themen in die Auseinandersetzung zu bringen, die bisher zwar *irgendwie* spürbar waren, aber nie bewusst und aktiv gestaltet und bewältigt werden konnten. Die wichtigsten dieser Themen sind:

- Auseinandersetzung mit der eigenen Sterblichkeit
- Auseinandersetzung mit Abschied, Verlust und der generellen Vergänglichkeit
- Auseinandersetzung mit dem eigenen ungelebten Leben

Durch die Aufforderung und die Möglichkeit, zu den existenziellen Themen einen, wenn auch nur vorübergehenden, Standpunkt zu entwickeln, wirkt kollektive Trauer indirekt auch identitätsversichernd oder sogar -stiftend (auch wenn eine echte tiefe Trauer selbst zumindest kurz- oder mittelfristig eine Identitätskrise darstellen kann).

2 Zur Begriffsklärung: Was genau meint *kollektive* Trauer?

2.1 Kollektiv – makrosozial – gruppenbezogen

Trauer ist, wie wir gesehen haben, psychologisch ein zunächst individuelles und gleichzeitig dyadisches Geschehen. Freud beschrieb 1916 in seinem bis heute maßgeblichen Aufsatz *Trauer und Melancholie* die Tendenz des Menschen, sich nach einem maßgeblichen Verlust zunächst aus der Gemeinschaft zurückzuziehen. Trotzdem wird sie aber in den meisten Gesellschaften rasch zu einem gemeinschaftlichen bzw. vergemeinschafteten emotionalen und auch handlungsmäßigen Geschehen. Die kleinste dieser Trauergemeinschaften ist meist eine bestimmte Form der Kleingruppe. Zum Beispiel sind es der Familien-, Freundes- und Bekanntenkreis und schließlich die sog. *Trauergemeinde*, die sich zur Betrauerung des Verlorenen, meist eines verstorbenen Menschen, ideell oder auch an konkreten Orten zusammenfinden. Die (Psycho-)Dynamik dieser v. a. durch persönliche Kontakte schon in der Zeit vor dem Verlust bestehenden Trauergemeinschaften ist nicht der primäre Gegenstand dieses Buches, sondern gehört in den Bereich der sog. Gruppendynamik und den psychoanalytischen Gruppenbetrachtungen.

Der Begriff der *kollektiven Trauer* ist zwar nicht allzu gebräuchlich, findet jedoch in einigen kultur- und sozialwissenschaftlichen und auch psychologischen Werken seine Anwendung. So beschreibt etwa Goldbrunner (1996) kollektive Trauer über gemeinsam gemachte Verlusterfahrungen (Todesfälle, aber auch Verlust von Werten oder Lebensbedingungen). Eine allgemeine Definition gibt Rooney (2022):

2 Zur Begriffsklärung: Was genau meint *kollektive* Trauer?

»Collective grief is how we describe the reaction of a group of people (usually a nation, region or community) who experience the death of a significant figure from that nation/community or experience multiple deaths.« Sie ist immer gleichzeitig ein einzigartiges und tief individuelles und ein kollektives, sozial geteiltes Phänomen, fokussiert aber darauf »how grieve is organized on social and political levels, and how these shape the personal feelings and actions of group members facing a common loss« (Wagoner & Bresco de Luna 2021, S. 192).

Trauer war historisch lange Zeit in unseren Breitengraden immer auch ein soziales Geschehen und ist es noch in vielen anderen Kulturen geblieben. Dass Trauer mehr und mehr individualisiert wird, ist dabei ein relativ neues Phänomen. Im Mittelalter bis in die frühe Neuzeit dominierten kollektive Trauerprozeduren. Sterben und auch Trauern waren ein Erlebnis innerhalb der Gemeinschaft. Erst im 19. Jahrhundert entwickelte sich eine Tendenz zu einem sog. *Stillen Begräbnis*, während gleichzeitig noch große, z.T. pompöse Bestattungs- und Trauerrituale im Rahmen der sich entwickelnden bürgerlichen Festkultur stattfanden. Heute erscheint vielen der Affektausdruck vor Publikum, etwa bei der Beisetzung, als peinlich und unangebracht. Auch die psychologische Auffassung, der Trauerprozess sei an sich primär individuell, ist eher neu. Kollektives Trauern ist eine historische Rückbewegung, die sich auch gegen die moderne Individualisierung des Todes richtet und für eine Entprivatisierung plädiert, und es stellt sich die Frage nach ihrer Bedeutung in hoch individualisierten Gesellschaften (z.B. Brumlik 1991). Kollektive Trauer betont die »soziale Dimension« der Trauer. Diese kann »vielfältige Formen zeigen (gemeinsames Trauern, Trösten, Erzählen, Rituale, normative Verpflichtungen, Hilfeleistungen, Unterstützung, gemeinschaftliche Überwindungsarbeit usw.)«, so Hilarion Petzold, einer der Väter einer psychologischen Trauerforschung (Petzold 2007, S. 40).

In seinem soziologischen Klassiker betrachtet Emile Durkheim (2014) Trauer erstmals wissenschaftlich nicht primär als einen individuellen Prozess, sondern als von der Großgruppe auferlegte Riten

2.1 Kollektiv – makrosozial – gruppenbezogen

und Pflichten. Solche »kollektiven Manifestationen [...] geben der Gruppe die Energie wieder, die die Ereignisse ihr zu nehmen drohten« (ebd., 552). Es gibt eine deutliche über das einzelne Individuum hinausgehende Wirkung von Trauer wie auch der Umgang mit ihr nicht nur biographiegeschichtlich, sondern auch kulturell und sozial bestimmt ist. Kollektive Trauer ist zunächst über ihre Phänomenologie definiert, nämlich die in mehr oder weniger großen Gruppen stattfindenden Aktionen und Projekte (größere Gruppen bis hin zur Massentrauer). Sie kann als Ereignis oder als Zustand (Nationen betrauern z. B. die Niederlage in einem Fußballspiel, die vielen Opfer eines Krieges oder einer Pandemie etc.) konzipiert werden. Im Begriffsfeld befindet sich die Soziale Trauer, die Massentrauer bzw. die makrosoziale Trauer. Meist medienforciert entstehen große Trauergemeinschaften.

Kollektive Trauer hat also eine lange Geschichte bis in die historischen Trauerinszenierungen von HerrscherInnen oder Päpsten, später auch von StaatslenkerInnen (bisweilen wird die weltweite Anteilnahme am Tod Olof Palmes 1986 als Beginn kollektiver Trauerszenarien genannt).

Wann wird Trauer aber nun makrosozial, betrifft also mehr als die Trauernden und ihre unmittelbare Umgebung? »Der Begriff kollektiv scheint dort angebracht, wo ein Enthaltensein, ein Aufgehen des Individuums in einem größeren Ganzen bezeichnet werden soll, also auf der Ebene der gemeinsam geteilten Bilder und Symbole [...]« (Bittner 2020, S. 43). Hier wird bereits eine wichtige Komponente (fast) aller kollektiver Trauererscheinungen deutlich, nämlich das Symbolische. Makrosoziale Trauer ist meist Trauer um Ideelles, um Werte, Ideen, vergangene Zeiten etc. Die hier zu betrauernden Verluste sind abstrakt, uneindeutig und schwer fassbar. Sie benötigen das Symbol, um als etwas Handhabbares an ihre Stelle zu treten. Sehr häufig sind die konkreten Verlustereignisse (z. B. prominente Personen), um die sich dann eine große Traueraktivität aufbaut, als Symbole für dahinterliegende, *eigentliche* Trauerursachen zu verstehen. Dabei fassen wir Symbolisierung hier mit der Symboltheorie der Analytischen Psychologie nicht primär als verdeckende, ins Unbe-

2 Zur Begriffsklärung: Was genau meint *kollektive* Trauer?

wusste verschiebende Abwehrprozedur auf – auch wenn diese Komponenten durchaus auffindbar sind – sondern in erster Linie als einen konstruktiv-kreativen Weg – in unserem Falle einer Großgruppe – um schwer fassbare Trauerprozesse bewältigen zu können. Symbole sind die »bestmögliche und daher zunächst gar nicht klarer und charakteristisch darzustellende Formulierung einer relativ unbekannten Sache« (Jung 1921, GW 6, § 820).

Die konkreten Anlässe zur Entwicklung einer kollektiven Trauer sind mannigfaltig: Der Tod von Berühmtheiten sowie Kriegs- oder Katastrophentote sind wohl an erster Stelle zu nennen, aber auch medial vermittelte Einzelschicksale, wie etwa der unnatürliche Tod eines Kindes. Nicht ganz klar fassbar sind hier die feststellbaren hohen Intensitätsunterschiede. So wird etwa über die Opfer von Seuchen bzw. Pandemien wohl deutlich weniger kollektiv getrauert als etwa über die Opfer von Krieg und Gewalt.

Das Kollektive (lat. *colligere:* zusammensuchen) – von idiologischen Begriffsverengungen befreit – ist das von Großgruppen Geteilte und zumindest Teile ihres Fundaments Betreffende, und es kann emotional, kognitiv oder verhaltensmäßig ausgeprägt sein. Es geschieht etwas in Gemeinschaft, zusammen, meist gleichzeitig und oft auch an einem gemeinsamen Ort und betrifft die überwiegende Mehrheit der Individuen. Ein kollektives Geschehen wirkt auf die Einzelnen zurück, führt zu Kohäsionsgefühlen, Solidarität und Zugehörigkeitserleben, u. U. aber auch bis hin zur Aufweichung von individuellen Ich-Grenzen. Die Soziologie spricht vom Entstehen *sozialer Gebilde,* psychologisch geht es um gemeinsame und meist auch als gemeinsam erlebte starke Bezogenheiten, sei es auf Ideen, Werte und Normen oder auf Objekte, Personen und Situationen. Es entsteht eine gewisse Verbundenheit durch Gleichheit oder Ähnlichkeit der Beteiligten, zumindest diese Bezogenheit betreffend (moderne Individuen fühlen sich nicht nur einem einzigen Kollektiv zugehörig (Multi- bzw. Polykollektivität)). Erlebte Verschiedenheiten werden wahrgenommenen Gleichheiten untergeordnet. Insofern ist *kollektiv* auch ein Gegenbegriff gegen *individualistisch* oder gar *subjektivistisch* und betont gerade nicht die in unserer Gesellschaft so hochgehaltene Idiosyn-

2.1 Kollektiv – makrosozial – gruppenbezogen

krasie. Kollektive Phänomene werden in mitteleuropäischen Kulturen daher oft mit Skepsis betrachtet, und das sicher nicht nur zu Unrecht. Im Kollektiven liegt auch die Gefahr des Regressiven, der Aufweichung und Delegation von Gewissensprozessen und der Entgrenzung in vielerlei Hinsicht. Die Skepsis der Gründerväter bzgl. »massenpsychologischer« (Freud 1921) Phänomene und »Massensuggestion« (Jung 1957, GW 10, § 503) bis hin zum »Rausch der Masse« (Jung 1950, GW 9/1, §226) wird hier nachvollziehbar.

Unter kollektiver Trauer verstehen wir also eine persönliche und *gleichzeitig* makrosozial auftretende gefühlsmäßige, kognitive und meist in gemeinsame Handlung umgesetzte Reaktion auf einen drohenden oder erlebten Verlust. Das Verlorene muss dabei nicht aus der unmittelbaren Bedeutungswelt des/der Einzelnen stammen, sondern kann sekundär, durch Großgruppen-Phänomene der z. T. unbewussten gegenseitigen Beeinflussung (s. u.) zum Thema werden.

Kollektive Trauer ist dabei entweder eine gemeinsam erlebte Individualtrauer, d. h., jedes Mitglied der (Groß-)Gruppe empfindet in der Gemeinschaft die eigene, höchst persönliche Trauer, die dann allerdings durch das Gruppenerlebnis modifiziert werden kann. Die Kollektivität entsteht also durch die dynamische Summe der Einzelnen. Aus der Gruppen-Psychoanalyse kennen wir allerdings ein weiteres Phänomen, nämlich die Entwicklung einer Gruppe zu einer Art eigenständiger Entität mit eigener, fast *persönlich* zu nennender Dynamik. In unserem Zusammenhang wäre das dann die Trauer eines Gesamtkollektivs, das sich dann fast wie ein Einzelcharakter entwickelt und gebärdet. Für das Einzelindividuum bedeutet das ein Stück weit ein *Aufgehen* in der Gruppe, ein Verlust an persönlicher Eigenart und ein großes, oft überwältigendes Erleben von Zugehörigkeit. Beide Varianten können Ausgangspunkt der Entwicklung einer kollektiven Trauerdynamik sein, und oft haben wir es mit komplexen Mischungen zu tun, da immer auch davon auszugehen ist, dass die »kollektive Mentalität primär in allen Einzelnen vorhanden« ist (Beland 2003, S. 249). Die große Bedeutung von Zugehörigkeiten gerade in »Zeiten sozialen Umbruchs« verweist auf die zentrale Rolle von Identifizierung und Idealisierung. Das »Gefühl des Zuhause-Seins« einerseits

2 Zur Begriffsklärung: Was genau meint *kollektive* Trauer?

und der »Wunsch nach Sicherheit und Geborgenheit« andererseits sind allerdings »störungsanfällig« (Pollak 2023, S. 346 f.) und können im kollektiven Erleben von Trauer zumindest temporär hergestellt oder restauriert werden. Idealisiert wird das verlorene Objekt (der/die *Prominente*), identifiziert wird sich mit der trauernden Masse. In Zeiten kollektiven Umbruchs kann so »ontologische Sicherheit« (Giddens 1991) erworben werden, ein Vertrauen in die Stabilität der eigenen Identität und der Umgebung. Dies gilt v. a. in Zeiten »kollektiver Verunsicherung« (Vogel 2020) wie in Pandemie oder Kriegssituationen, wo die beständige Konfrontation mit dem Sterbenmüssen eine existenzielle Konfrontation bedeutet. Wer dadurch »in die ›Existenz‹ gerät, ist fürs erste der Überwältigung durch eine monströse Entsicherung ausgesetzt, zugleich mit dem Drang zur Versicherung im Entsicherten.« (Sloterdijk 2022, S. 43; ▶ Kap. 1.1). Kollektive Trauererlebnisse vermögen dies temporär zu leisten.

Kollektive Trauer war bereits früh in einigen ihrer Facetten auch Gegenstand psychoanalytischer Forschung, ausgehend von Kulturtheorie und Praxis der Psychoanalyse. Allen voran zu nennen ist das aufsehenerregende und oft fehlinterpretierte Werk *Die Unfähigkeit zu trauern* (Mitscherlich & Mitscherlich 1977). Die AutorInnen beschreiben eine nach der Naziherrschaft nicht stattgefundene Trauer, die nicht primär bzgl. der Opfer von Naziregime und Weltkrieg, sondern ganz in tiefenpsychologischer Manier bzgl. eines Ich-Ideal-Verlustes vieler früherer NationalsozialistInnen, nachdem Hitler entmachtet und als Verbrecher entlarvt worden war, festzustellen sei. Als Folge könne man abgewehrte depressive Selbstwertverluste und Schuldgefühle sowie Aktionismus und Leistungsstreben beobachten. Es gehe, so die AutorInnen, um eine kollektive Abwehrleistung, gerichtet gegen die Wahrnehmung kollektiv verursachter Schuld.

Die psychologischen Varianten von Kollektivität, neben der kollektiven Trauer z.B. auch kollektive Verunsicherung, kollektive Angst, kollektive Feindseligkeit, aber auch kollektive Begeisterung, können in Einzelfällen und meist mit großem Aufwand durchaus hergestellt bzw. inszeniert werden. Meist allerdings haben wir es nicht mit *Gemachtem,* sondern, zunächst unbewusst, *Sich-Ergebendem* zu tun, das der/die Einzelne als ein »Widerfahrnis« (z. B. Waldenfels 2002) erlebt, dem er/sie zunächst hilflos ausgesetzt ist. Die Analytische Psychologie weist in diesem Zusammenhang zusätzlich auf den archetypischen Charakter von Gruppen hin, durch den in den Einzelindividuen ohne aktives Zutun tiefe, menschheitsimmanente Motive mitsamt ihrem emotionalen Gehalt ins Bewusstsein und in die Handlung kommen können. Das im nächsten Kapitel umrissene Phänomen der Ergriffenheit gehört in diesen Kontext.

2.2 Ergriffenheit

In den meisten Fällen gehen kollektive Phänomene, wie in unserem Fall kollektive Trauerphänomene, mit einem bereits in Kap. 2.1 genannten, emotional hoch besetzten *Widerfahrnischarakter* einher. In einer analytisch-psychologischen Weise kann man hier von Phänomenen der Ergriffenheit sprechen, die durch eine Mischung eigener Empfänglichkeit, unmittelbarer Betroffenheit und gesellschaftlicher (z. B. medialer) Aufbereitung entsteht.

> »Definiert wird Ergriffenheit heute nicht selten als *vehemente Gemütsbewegung.* Es handelt sich um ein hoch intensives emotionales Erleben, das positiv (Bewunderung, Grandiositätserleben...) oder negativ (Abneigung, Hass, Ekel...) bewertet sein kann. Begriffe, die ähnliches bezeichnen sind das Erhabene (etwa bei Friedrich Schiller), das Grandiose, das Erschütternde oder das Überwältigende. Faszination und/oder Ehrfurcht aber auch Angst sind nicht selten affektive Anfangs- und Begleitmomente und es kommt bisweilen zu einer intensiven inneren Unruhe und Getriebenheit.« (Vogel 2023b, S. 240).

Meist sind am Grunde von diesen Getriebenheitserfahrungen die bereits beschriebenen archetypischen, also das gesamte Menschengeschlecht umfassenden, den/die Einzelnen in ihrer Personalität übersteigenden Themen anzufinden. Existenzielle Grundmotive wie

2 Zur Begriffsklärung: Was genau meint *kollektive* Trauer?

Tod, Einsamkeit, Sinn oder Freiheit sind regelmäßig konstelliert. Sie können nicht gelöst oder intrapsychisch abgearbeitet werden, sondern bleiben unverfügbar und eine beständige, bisweilen bedrohliche Herausforderung, die den Einzelnen nicht loslässt und bisweilen sogar zu überwältigen droht.

Ergriffenheit und ihre *kleineren Schwestern* wie etwa die Rührung oder die Aufregung haben positive Konnotationen des Sich-lebendig-Fühlens, der positiven Erregung etc. und werden daher bisweilen durchaus gerne erlebt und auch aktiv aufgesucht. Diese positiven Wirkungen und die beschriebenen regressiven Eigenschaften der Großgruppe führen nicht selten zu einer Art Sogwirkung und eine Entgrenzung des persönlichen Ichs. Sie eröffnen dadurch ein gewisses Missbrauchspotenzial und die Möglichkeit, diesen starken Affekt zum Zwecke der Manipulation, Meinungslenkung und Verhaltenssteuerung – bis hin zu Gewalttaten – zu nutzen. Bei allen kollektiven Trauer- und Gedenkszenarien ist dies mitzubedenken. Ergriffenheit ist oft notwendige Begleiterscheinung kollektiver Trauer und muss begleitet werden durch das, was in der Psychoanalyse unter den Begriff der Ichfunktionen subsummiert wird, v. a. also durch Nachdenken, Realitätskontrolle, Perspektivenwechsel und Vernunft.

2.3 Trauer als intersubjektives Geschehen

Die aus Einflüssen der Selbstpsychologie und der Feministischen Psychoanalyse sich seit ca. 30 Jahren kontinuierlich entfaltende sog. Intersubjektivitätstheorie ist die in der modernen Psychoanalyse derzeit vorherrschende Beziehungstheorie. Ausgehend von den philosophischen, z. B. kontextuellen oder konstruktivistischen, Intersubjektivitätsdiskursen entwickelt sie den Begriff über die herkömmlichen Bestimmungen der Intersubjektivität als personenübergreifende Nachvollziehbarkeit oder Vergleichbarkeit hinaus und postuliert ein gemeinsames, transpersonales soziales

2.3 Trauer als intersubjektives Geschehen

Feld, in dem die beteiligten Individuen (etwa einer therapeutischen Gruppe) eingelassen sind und in dem – oft unbewusste – Austauschprozesse stattfinden. Es kommt u.a., um einen älteren, dazu sehr gut passenden Begriff der Analytischen Psychologie zu verwenden, leicht zu Phänomenen einer Art »psychischer Infektion« (z.B. v. Franz 2005, Jung 1995, GW 10, § 519). Hier werden gerne Metaphern alchemistischer Verbindungen genutzt, um das enge Ineinanderfließen intrapsychischer Anteile der einzelnen Personen zu beschreiben (Vogel 2016b). C. G. Jung spricht von einer Art chemischer »Verbindung« und ergänzt: »Wenn zwei chemische Körper sich verbinden, so werden beide alteriert« (Jung 1946, GW 16, § 358). Als *mutual transformation*, als gegenseitige Veränderung, bezeichnet man in moderner Terminologie diesen Sachverhalt (z.B. Wineburgh 2013). Diese Prozesse, die gerade auch in (Groß-)Gruppensettings forciert werden, sind auch von der aktuellen akademischen Forschung gut bestätigt. Von Bedeutung sind hier z.b. die Erkenntnisse der akademischen Entwicklungspsychologie, wenn Daniel Stern, einer ihrer wichtigsten zeitgenössischen Vertreter meint, wir seien »nicht mehr die einzigen Inhaber, Herren und Wächter unserer Subjektivität. Die Grenzen zwischen Selbst und anderen Menschen bleiben erhalten, werden aber durchlässig. [...] Ebendiesen stetigen Dialog bezeichne ich als intersubjektive Matrix« (Stern 2014, S. 90). Das liest sich wie eine Beschreibung aktueller kollektiver Trauerphänomene und diese intersubjektive Matrix ist es, die auch viele Dynamiken kollektiver Trauer zu erklären vermag.

Der Trauer wohnt also ganz generell diese starke Relationalität inne, die »psychische Ansteckung« wird schon rasch im persönlichen Kontakt mit Trauernden in der ansteckenden Wirkung des Traueraffekts spürbar. Erst recht gilt das dann für Großgruppenphänomene, in der die beschriebene regressive Wirkung der Trauer durch die Masse verstärkt, ja bisweilen potenziert wird. Es kommt zu einer Art Gruppenunbewusstem als gemeinsamem Unbewussten aller Beteiligten. Diese Verbundenheit birgt einerseits erhebliche Risiken (vgl. generell zur gesamten Thematik Jaenicke 2021), aber natürlich auch (Entwicklungs-)Chancen, und führt zu so paradoxen Gefühlsreaktio-

2 Zur Begriffsklärung: Was genau meint *kollektive* Trauer?

nen wie Verunsicherung und Angst einerseits, Faszination und Begeisterung andererseits.

3 Die Funktion des Rituals

3.1 Ritualtheorien

Die theoretischen Auseinandersetzungen mit der Vielfalt der weltweit anzutreffenden Ritualformen beschäftigt geisteswissenschaftliche Fächer seit vielen Jahrzehnten. Rituale sind spezifische, meist aber in Gruppen durchgeführte, nicht beliebige (regelgeleitete und dadurch wiederholbare) und oft sämtliche Sinne einbeziehende Handlungen oder Geschehnisse. Man findet sie in sämtlichen Kulturen der Welt sowohl in alltäglichen (z. B. Begrüßungsrituale) als auch in besonderen, bisweilen einzigartigen (z. B. Bestattungsrituale) Zusammenhängen. Wahrscheinlich haben sie einen archetypischen, d. h. menschheitsübergreifenden Charakter, und der Drang zur Ritualisierung emotional überwältigender Ereignisse, vielleicht sogar die Art dieser Struktur, müssen nicht gelernt werden, sondern sind von Geburt an Teil der menschlichen Möglichkeitsdispositionen. Assmann (2006) beschreibt aus kulturwissenschaftlicher Perspektive ein »kulturelles Gedächtnis«, in das auch Trauerrituale einzubeziehen sind und plädiert für eine »mnemohistorische« Untersuchung der Geschichte, die Erinnerungswandlungen in Kulturen untersucht. »Der Stoff der Mnemohistorie sind die Gemeinplätze, die übernommenen Ideen, die sich wider besseres Wissen behaupten und bisweilen sogar dann weiter Macht ausüben, wenn sie vergessen sind.« (Bahners 1998, o. S.).

Rituale werden im akademischen Umfeld generell zwiespältig beurteilt: »Zunächst einmal umwabert den Begriff des Rituals eine Aura diffuser Spiritualität, magischen Denkens und okkulten Gemeinschaftsunfugs. Das Ritual ist verwandt mit der religiösen Zeremonie« (Schmidt 2015, S. 74). Zum andern sind Rituale seit langem Gegenstand seriöser (sozial-)wissenschaftlicher Betrachtung, genannt sei

3 Die Funktion des Rituals

hier nur der bereits 1912 erschienene religionssoziologische Klassiker von Emile Durkheim (2014). Wissenschaftliche Ritualtheorien sind sehr heterogen und weit entfernt von einer übergreifenden Betrachtungsweise, was sicher auch auf deren opaken Charakter zurückzuführen ist. In der Bundesrepublik hat sich um den Ägyptologen und Kulturwissenschaftler Jan Assmann eine Ritualwissenschaft herausgebildet. Die sog. *Ritual Studies* sind diejenigen soziologischen und kulturwissenschaftlichen Ansätze, die sich besonders mit der Entstehung, Entwicklung und Funktion von Ritualen befassen und unterschiedliche Theorien dazu ausarbeiten. Dabei sind in den letzten hundert Jahren erhebliche Erkenntnisse zum Verhältnis von (zunächst religiösen) Ritualen und der gesellschaftlichen Entwicklung gewonnen worden, die hier nicht Gegenstand sein können (vgl. z. B. Walthert 2019).

3.2 Ritual und Trauer

Die Hervorbringung, Etablierung und Fortschreibung von Bestattungs- und Trauerritualen sind anthropologische Konstanten und in welchem Winkel der Erde auch immer sich menschliche Kultur entwickelt, finden sich seit alters her ihre Spuren, eingeschrieben zunächst in die jeweiligen religiösen und spirituellen, dann auch (gesellschafts-)politischen Traditionen und oft sogar versehen mit besonderen Feiertagsprivilegien. Sie sind meist ein kollektives, gesellschaftliches Ereignis und haben als solches in unserer heutigen Zeit ihre mediale Bedeutung z. B. in Staatsbegräbnissen oder Trauerspektakeln nach dem Tod prominenter Menschen. Verstärkt auch im militärischen Kontext finden wir solche Großereignisse, etwa wenn feierlich Kränze für gefallene SoldatInnen niedergelegt werden. Hier zeigt sich ein trauerbezogener paradoxer militärlogischer Totenkult, da sowohl HeldInnen, die sich durch eine große Anzahl getöteter FeindInnen auszeichneten, als auch diejenigen, die im

3.2 Ritual und Trauer

Kriegsverlauf getötet wurden, eine herausragende Beachtung erfahren. Eine besonders kritische Betrachtung verdienen hier die diversen Formen »stolzer Trauer« (Radebold 2015), die den Tod als Kriegsgefallener, als Kriegsgefallene mit Ruhm und Ehre in Verbindung bringen. Die schon in Freuds Psychologie des Todestriebes angelegte Bipolarität des Tötens und Sterbens erfährt in der Position der ritualisierten trauer- und gedenkbezogenen SoldatInnen-(ver-)Ehrung eine beängstigende Inszenierung.

Auf die vielfältigen allgemeinen psychologischen und psychotherapeutischen Bedeutungen von Ritualen im Umfeld des Todes wurde an unterschiedlichen Stellen bereits hingewiesen (Vogel 2022). Dabei ist v. a. auf die Begrenztheit der Sprache im Ausdruck existenzieller Themen zu achten (Vogel 2024) und Ritualisierungen können als Arbeit gegen die individuelle und kollektive Sprachlosigkeit (z. B. Marx 2019) betrachtet werden. Trauerrituale sind eine Art Container für unaushaltbare und nicht versprachlichbare Emotionen.

Aktuelle kollektive Trauerereignisse entwickeln sich oft spontan, erhalten dann aber u. U. eine ritualisierte Form, in der sie dann lange weiterbestehen können. Nicht selten aber sind Rituale instrumentalisiert und sollen »bewusst und gewollt bestimmte Stimmungen erzeugen« (Genger 1995, S. 48). Rituale können als in Handlung umgesetzte Symbole betrachtet werden, sie sind symbolisch *aufgeladen* und erhalten so ihre bisweilen mächtige Wirkung auf den Menschen. Dadurch weisen sie einen oft opaken »Bedeutungsüberschuss« auf, zeigen auf Hintergründiges und Unbewusstes, generieren gleichermaßen aber auch von sich heraus eine Art Sinnerleben. Ihr Zweck ist Strukturierung und Bewältigung, darüber hinaus aber auch Transformation und Wandlung. Rituale werden bisweilen von Institutionen vorgegeben und sollen dann möglichst unverändert befolgt werden. In modernen Zeiten finden wir aber auch spontane Neuentwickelungen von Ritualen, die keine Instanz der Überwachung mehr nötig haben, also quasi selbsterzeugend und -aufrechterhaltend sind. Bei Phänomenen kollektiver Trauer trifft dies nicht selten zu.

Rituale dienen der Sicherung und Stabilisierung und sind daher inzwischen fester Bestandteil moderner Psychotherapie (vgl. v. d.

3 Die Funktion des Rituals

Abb. 3.1: Hinduistisches Verbrennungsritual (Foto: Simon – Pixabay)

Hart 2010). Im Zusammenhang mit kollektiver Trauer sind Rituale vielleicht sogar zwangsläufig, denn, so schon Durkheim (2014), für den Ausdruck kollektiver Gefühle sei die Aufrechterhaltung gewisser Ordnungsparameter bzgl. des Zusammenwirkens der Einzelnen (Rhythmus, Regelmäßigkeit etc.) essentiell.

Sowohl in der Gedenkkultur als auch innerhalb kollektiver Trauerszenarien spielt die Ritualisierung eine besondere Rolle. Rituale werden hier zu »in Handlungen umgesetzte Erinnerungen« (Lissmann 2019, S. 8). Dabei ist die Wirkung von Ritualen auf die Einzelnen nicht automatisch prognostizierbar. Aus der Ritualforschung wissen wir:

> »Für die einen bietet das Ritual Halt in einer haltlosen Situation: Dem Tod eines Nächsten. [...] Für den anderen ist das Ritual zu starr, zu leer, zu stereotyp, zu wenig individuell, um dem starken Gefühl der Trauer einen adäquaten Ausdruck geben zu können« (Michaels 2007, S. 7).

3.2 Ritual und Trauer

Man möchte zudem hinzufügen, dass Ritualisierungen auch ein gewaltiges Missbrauchspotenzial in sich tragen und dass Rituale für psychisch angeschlagene Menschen auch ein Bedrohungspotenzial etwa im Sinne eines Überwältigt-Werdens in sich bergen.

Trauerrituale und v. a. auch Bestattungsrituale werden traditionell mit van Gennep (2005) als sogenannte Übergangsriten konzipiert und haben in Zeiten sozialer und individueller Not ihre Funktionen. Sie werden dann aufgeteilt in die Phasen Trennung, Umwandlung und Angliederung und dienen primär der Reintegration des durch einen Verlust beeinträchtigten Menschen in die Gesellschaft. Sie können »Differenzen markieren, der Zäsur einen Ausdruck geben und die Verarbeitung der eingetretenen Veränderungen nicht nur der Zeit überlassen, ›die alle Wunden heilt‹, sondern diesen Heilungsprozess kulturell überformen.« (Assmann 2007, S. 17). Rituale sind Bewältigungshilfen des Vergangenen, weisen aber durch ihren Schwellencharakter immer auch auf das Zukünftige hin, das durch die Wandlung entsteht. Rituale sind also auch Hoffnungsträger.

Die Kritik an Ritualisierungen richtet sich zum einen gegen ihre bisweilen regressive und die Individualität ausschaltende Eigenart. Die Kontrolle über das Handeln kann externalisiert und einem Ritualmeister oder einem mehr oder weniger abstrakten Regelwerk übergeben werden. Ein Problem ist auch »dass sie heimlich pervertiert werden können. Es geht dann nicht mehr um Trennung, sondern um Bestechung« (Kley-Hutz 2003, S. 373) meist einer göttlichen Macht und beinhaltet Züge eines infantilen magischen Denkens.

4 Einschub: Trauer und Gedenkkultur

Makrosoziale Trauer und Trauerkultur sind – auch tiefenpsychologisch – nicht gleichzusetzen mit einer kollektiven Gedenk- bzw. Erinnerungskultur, wenn auch durchaus Überschneidungen zu finden sind. Dies wird besonders deutlich auf dem Gebiet einer staatlichen Erinnerungspolitik, deren Inszenierungen eigentlich immer auch Elemente von Trauerbearbeitung enthalten. Gedenken und Erinnern haben ein Anliegen in der Zeit. Sie versuchen, frühere Geschehnisse in gegenwärtige Emotionen, Gedanken und Handlungen zu überführen. Es gibt durchaus rege Forschungsarbeiten bzgl. »der politischen Instrumentalisierung der Erinnerung und/oder der Semiotik der Erinnerungsarbeit/der Art, wie Erinnerung genutzt wird, um politisch bedeutsame oder vergessene Vergangenheiten darzustellen auf Kosten einer näheren Untersuchung der auf der Mikroebene wirksamen Mechanismen [...], der Art und Weise also, in der als selbstverständlich empfundene mnemonische Alltagspraktiken entstehen, aufrechterhalten und an folgende Generationen weitergegeben werden [...]« (Kidron 2011, S. 170).

In diesem Buch geht es nicht in erster Linie um eine kollektive Trauerbearbeitung historischer Ereignisse. Trotzdem soll hier darauf hingewiesen werden, dass historische Gedenktage, wie etwa der Holocaust-Gedenktag oder besonders eindrücklich der 9. November (Novemberrevolution 1918, Progromnacht 1938 und Fall der Berliner Mauer 1989), aber auch entsprechende Gedenkorte und Mahnmale eben immer auch Traueraspekte beinhalten. Bisweilen werden in der psychoanalytischen Literatur Gedenken und kollektive Trauer miteinander vermischt (z. B. Beland 2003), eine Vorgehensweise, der in dieser Schrift nicht gefolgt werden soll. Kollektive Trauer, wie wir sie verstehen, kann Teil eines Gedenkens bzw. konkret einer Gedenkfeier sein, muss es aber nicht zwingend. Und kollektive Trauer finden wir in ausgeprägter Form außerhalb formalisierter Gedenkereignisse. Der Traueranteil bei Gedenkveranstaltungen kann unterdrückt oder abgewehrt werden oder aber die im Gedenken Versammelten empfinden ganz andere Affekte als Trauer, z. B. Gefühle der Rache, der Wut oder auch der Bewunderung (z. B. bei Gedenkveranstaltungen für verstorbene Nazi-Größen). Auch ein historisches *Versanden* der eigentlich zum Gedenken gehörigen Trauer kann beobachtet werden.

Beim Gedenken geht es einerseits meist um reale Verluste von Menschen, oft um Opfer von Akten sog. *gruppenbezogener Menschenfeindlichkeit*. Immer geht es aber auch um verlorenes Ideelles, um Wertevorstellungen, Lebensentwürfe, Ideologien, ja Identitäten, die nicht mehr aufrechterhalten werden können, auch wenn letzteres oft der Abwehr anheimfällt (Beland 2003). Eine besondere Rolle spielt hier auch die Trauer der Holocaust-Überlebenden bzw. des gesamten jüdischen Volkes bzgl. des Grauens der Konzentrationslager (vgl. z. B. Hermann 2010). Ein solches Gedenken unterscheidet sich durchaus von der kollektiven Trauer, wie wir sie hier betrachten. Es geht aber um einen wichtigen Aspekt von Trauerarbeit, nämlich die Hinwendung zur Vergangenheit und dem »emotionalen Verarbeiten dessen, was verletzend oder traumatisierend war« (Funke 2021, S. 87). Trauern braucht eine irgendwie geartete persönliche Beziehung zum Betrauerten, an die sich erinnert werden kann. Kollektives Trauern hat daher zunächst keinen Bezug zur Gedenkkultur, auch wenn während dieser, wie gesagt, bisweilen durchaus getrauert wird. Gedenkkultur dient meist und vornehmlich politischen Zwecken, kollektives Trauern ist primär intrapsychisch motiviert, kann aber sekundär politisiert werden. Die Einbettung von Gedenkkultur in die jeweiligen aktuellen gesellschaftlichen Gegebenheiten wird heute v. a. anhand unterschiedlicher, zunächst sehr heterogen daherkommender kollektiver Trauernotwendigkeiten deutlich, die im aktuellen Gedenken dann eine nicht selten destruktive Beziehung – etwa in Gestalt von Präferenz- und/oder Opferkonkurrenzen – eingehen. Als Beispiel sei hier die Verbindung von Holocaustgedenken einerseits und dem Gedenken an kolonialistische Vergangenheiten andererseits genannt (vgl. z. B. Mendel 2023).

Gedenken ist eine bewusst eingesetzte kollektive Methode, die auch einen pädagogischen Charakter aufweisen kann. So werden heute nicht selten Gedenkstätten als Erinnerungs-, Gedenk- und eben auch »Lernorte«, bezeichnet (vgl. z. B Saehrendt 2009), wobei der Traueraspekt hierbei leider oft kaum mehr zu erkennen ist. Dies ist umso bedauerlicher, weil die oben genannte Symbolfunktion kollektiver Trauer gerade hier eine große Rolle spielen könnte, wenn nämlich Opfer, aber auch MitläuferInnen oder TäterInnen aus der nationalsozialistischen Zeit in der eigenen Familie vermutet (oder auch gewusst) werden und eine ersehnte Idealisierung des Familiären unmöglich wird. Erschwert wird damit eine Schattenkonfrontation im Eigenen, eine wichtige Funktion kollektiver Trauer. Damit ist der Aufruf der Analytischen Psychologie gemeint, das Negative, Verabscheute und als Böse in der Welt identifizierte bewusst auch in sich selbst aufzusuchen, um es nicht abwehren und ins Außen bzw. auf die Anderen projizieren zu müssen (Vogel 2015).

Bezüglich einer Gedenkkultur ist Deutschland wohl international eine gewisse Vorbildrolle zu attestieren (Wirth 2022), wenn auch die dazu nötige Trauerarbeit bzgl. des »Verlusts der eigenen wertvollen Identität«, des »Verlusts des eigenen Gutseins« (ebd., S. 244ff.) sicher nie ausreichend erfolgte. So stellt sich die Frage nach der *Wirksamkeit* dieser deutschen Gedenkkultur auch neu angesichts des zunehmenden Antisemitismus v. a. seit dem Terrorangriff der Hamas auf Israel im Oktober 2023. Und auf eine weitere Gefahr ist hinzuweisen: »Statt einer tatsächlichen Aufarbeitung, um die Wiederholung der geächteten Verbrechen wirksam zu verhindern«, werden schauspielähnliche, u. U. durchaus gut gemeinte aber von emotionaler Betroffenheit bzw. dem Affekt tiefer Trauer weitgehend befreite Gedenkveranstaltungen inszeniert (Kahraman 2023, S. 348). Die grundsätzliche Wirksamkeit von Ritualen (▶ Kap. 3.2) wird auf diese Weise reduziert oder gar zunichte gemacht.

Als Folge der genannten mangelnden Betrauerung des Verlusts des Bildes vom eigenen Gutsein kann z. B. die bisweilen arg belehrend und missionierend erscheinende deutsche Außenpolitik zumindest z. T. als Abwehr dieser notwendigen Trauerarbeit verstanden werden, indem wir Deutschen uns der Welt und uns selbst nun als die geläuterten »nur Guten« präsentieren und hoffen, in dieser Eigenschaft auch wahrgenommen zu werden. Auch das Fehlen von Bewusstheit und Betrauerung der durch die u. a. von Deutschland in alle Welt – und nun auch in entfesselte Kriegsgebiete – exportierten Waffen getöteten Menschen gehört in diese Kategorie abgewehrter Trauer. Hier ist erneut ein Hinweis auf die Schattentheorie der Analytischen Psychologie von Nutzen, da nicht betrauerte und damit nicht anerkannte eigene negative oder gar *schlechte* Anteile hier Gefahr laufen, – nun kollektiv – projiziert und im Fremden und Anderen wahrgenommen zu werden.

Gedenkveranstaltungen und -orte ermöglichen aber durchaus rituelle Trauer, ermöglichen in der kollektiven Konfrontation mit dem Geschehen eine Beziehung *über den Tod hinaus.* Solcherart kollektiver Trauerarbeit ist – wenn alles gut läuft – Teil institutionellen Gedenkens, und dies ist von enormer Wichtigkeit. Denn von psychoanalytischer Seite wird hier auf die Gefahr einer Militarisierung der Trauer (Shatan 1983) hingewiesen, als Folge unbearbeiteter Traumatisierungen von KriegsteilnehmerInnen. Das Fehlen von sozialer Validierung und Anteilnahme bzw. von Trauer bzgl. sämtlicher – auch ideeller – Varianten von Verlusten durch den Kriegseinsatz kann zur Persistenz oder fragilen Latenthaltung von Feindseligkeit, Hass und Vergeltungsansprüchen führen. Um sich von denen zumindest zeitweise zu entlasten, werden alte oder neue Feindbilder aktiviert und es wird erneut in den Krieg gezogen. Bei manchen Gedenkveranstaltungen wird diese latente militaristische Ebene deutlich, sie wirkt bisweilen wie neurotische Kompromissbildung zwischen Friedenssehnsucht, Traumaverarbeitung und der Pflege von Feindbildern.

Im Gegensatz zur kollektiven Trauer, die durch einen gemeinsamen Affekt bestimmt ist, der auch die Motivation zu Trauerinszenierungen ausmacht, ist das Gedenken als »inszenierte Trauer« (Brumlik 1991, S. 19) institutionell verordnet und auch organisiert und hat auch primär eine politische Motivation. Das Gedenken kann als Möglichkeit der Bewahrung von Erinnerung, als Mahnung und Lernfeld, zu »Aufklärung und Eingedenken als dauerhafte Aufgabe« (ebd., S. 25) gedacht werden, aber auch als Option für geschichtsverfälschende und/oder Ressentiments erzeugende Absichten. Hier zeigen sich so manche *Gefahren* des Gedenkens. Nicht immer dient nämlich das Erinnern der Trauerverarbeitung. Es ist auch möglich, dass durch Gedenken Wunden offengehalten und Verbitterung oder auch Opfer-Selbstidentifizierungen aufrechterhalten werden. Die missbräuchliche Nutzung von Gedenkstätten ist auch dadurch möglich, dass sie, als öffentliche Räume, auch der Interpretation geöffnet sind. So kann z. b. eine Trauer ermöglichende Holocaust-Gedenkstätte zu einem *Denkmal der Schande* umgedeutet werden. Gedenkorte werden im besten Falle zu »Erinnerungs-, Geschichts- und Denkorten« (Caspar 2008, S. 5). Auf eine sicher nicht gängige, aber durchaus beachtenswerte Gefahr weist in diesem Zusammenhang Linden (2023) mit seinem Konzept des »Emphasischen Erinnerns« hin:

> »Werden Erinnerungen geweckt, dann werden auch damit assoziierte Begleitemotionen hervorgerufen. Viele Menschen leiden unter Erinnerungen und den damit assoziierten Emotionen. Emphasische Erinnerungen haben regelhaft einen aggressiven Charakter, weil sie jemandem Vorhaltungen machen, eigene Ansprüche gegenüber anderen legitimieren sollen oder Gruppen gegeneinander abgrenzen.« (ebd., S. 106).

Gemeint sind hier Phänomene und Prozesse einer organisationalen Trauer (z. B. Heimerl u. a. 2019). Gedenken als *von oben* geleitete Aktivität mit seinem *offiziellen* Gepräge kann auch leicht in eine »Routine des Entsetzens« (Hacke 2023, S. 46) abgleiten und damit wirkungslos, ja sogar kontraproduktiv fungieren. Tiefenpsychologisch interessant ist dabei auch, dass zumindest in Deutschland die offiziellen, also staatlich unterstützten Gedenkorte fast ausschließlich eine stark negative Tönung der Mahnung, der Trauer, ja des Schreckens enthalten. Dies gilt sogar bei Orten, die eigentlich an positive Ereignisse erinnern sollen. So ist z. B. das in Berlin im Bau befindliche, als Wippe konzipierte Freiheits- und Einheitsdenkmal durchaus sinnhaft konzipiert, Affekte wie Begeisterung oder Freude vermitteln sich aber kaum. Gedenkorte rein positiver Natur, die vielleicht sogar auf kollektive Momente des Glücks verweisen (als Beispiel sei hier auf die lebensfrohen Willkommensbezeugungen in manchen deutschen Bahnhöfen bei der großen Migrationsbewegung 2015 verwiesen), fehlen hier weitgehend. Eine besondere Beachtung verdienen in diesem Zusammenhang Siegesdenkmäler oder Kriegerehrenmale, die auch heute noch, trotz vielfach anzutreffender Sensibilisierung, etwa bzgl. kolonialer Herrschaftszeugnisse, vielerorts aufwändig erhalten und restauriert werden und die ebenfalls auf Bedeutung und mehr oder weniger intendierter Wirkung bzgl. kollektiver Trauer zu hinterfragen sind (▶ Kap. 3.2).

Kollektives Gedenken und Erinnern darf also nicht sich selbst überlassen werden, sondern bedarf immer auch einer kritischen und kontextualisierenden Begleitung, um die ihm innewohnenden, auf die Vergangenheit gerichteten therapeutischen und mahnenden und in die Zukunft gerichteten wertebildenden und Orientierung gebenden Potenziale entfalten zu können.

Organisationsformen kollektiver Trauer
Grundsätzlich lassen sich zwei Strukturen der Entstehung und Aufrechterhaltung kollektiver Trauer unterscheiden: Als *verordnete* kollektive Trauer betrifft sie meist historische Gedenktage religiöser oder säkularer Art. Ein wirklicher mit Trauer einhergehender Affekt bei den Einzelnen, wie etwa eine gedrückte Stimmungslage, ist dabei bei den meisten Menschen – mit Ausnahme evtl. anwesender, direkt Betroffener – nicht oder nur in sehr geringem Ausmaß zu beobachten. Vielmehr folgt der Ablauf festgelegten Skripten, die von StellvertreterInnen ausgeführt werden. Unter diese Trauer *von oben* fallen also all diejenigen sozialen Trauerereignisse, die vonseiten der politischen VerantwortungsträgerInnen inszeniert und/oder in Gang gehalten werden. Die in Deutschland nicht praktizierte, sonst in der Welt aber weit verbreitete Staatstrauer (so verhängte z. B. der ehemalige brasilianische Präsident Jair Bolsonaro nach dem Tod der britischen Königin Elizabeth II. eine dreitägige Staatstrauer und die

4 Einschub: Trauer und Gedenkkultur

Regierung von Liechtenstein ordnete nach dem Tod von Fürstin Marie eine siebentägige Staatstrauer an) ist hier an erster Stelle zu nennen, aber auch die bundesdeutschen Staatsbegräbnisse bzw. Staatsakte, der Volktrauertag oder der Totensonntag. Bei letzterem wird die Verwobenheit terminlich festgesetzter Trauer mit kulturellen bzw. religiösen Denkgebäuden sehr deutlich. Das Gefühl der Trauer wird bei diesen Anlässen nicht selten erst durch die Inszenierung induziert, war vorher entweder gar nicht gegeben oder stark unbewusst.

Bei der kollektiven Trauer *von unten* ist im Gegensatz zu dem geplanten und (oft akribisch) strukturierten Trauerereignis nun in genau umgedrehter Bewegung des Traueraffekts die individuelle Trauer Anlass zum Zusammenschluss. Beginnend mit Blumenniederlegungen am Ort des Versterbens oder an anderen, für die verstorbene Person typischen Plätzen, weitet sich, nicht zuletzt durch mediale Aufmerksamkeitslenkungen, ein individueller oder Kleingruppen betreffender Traueraffekt aus und wird zur kollektiven Trauer.

5 Formen kollektiver Trauer

Es ist klar geworden, dass unter dem Terminus der kollektiven Trauer ein Komplex verschiedener psychologischer, gesellschaftlich-individueller Mischphänomene zu fassen ist. Zum besseren Verständnis werden wir das Gesamtphänomen nun anhand seiner primären Verursachung in zwei einigermaßen klar voneinander abzugrenzende Unterformen aufteilen, wohl wissend, dass dies eine theoretische Aufteilung darstellt und die reale Praxis von Mischformen dominiert ist. In allen Varianten kommt es bei einem Großteil der Beteiligten (es gibt auch GafferInnen und MitläuferInnen) zu *Trauergemeinschaften* bzw. *-gemeinden*, d.h. zum intersubjektiv geteilten Affekt der Trauer.

1. *Gemeinschaftliche Trauer aufgrund gemeinsam erlebter individueller Verlusterlebnisse*
Kollektive Verluste sind meist in zeitlicher und/oder räumlicher Nähe auftretende Ansammlungen individueller Verlusterlebnisse. Hier ist z.B. die (meist gleich verursachte) Häufung individueller Verlustszenarien etwa infolge von Pandemien, Kriegen, Terroranschlägen etc. zu nennen. In diesen Fällen werden oft soziale Versuche der Trauerbewältigung in Gang gesetzt (vgl. z.B. Goldbrunner 1996; z.B. das Trauer-Ritual in Washington: 660.000 weiße Fahnen als Symbol für die Covid-Toten[1]).
Weitaus schwieriger gestaltet sich die Trauer bzgl. nicht-menschenbezogener Verluste wie etwa im Zusammenhang mit der Klimakatastrophe, aber auch den stattfindenden Geschlechtsrollenveränderungen bis hin zum verlorenen Fußballspiel der Nationalmannschaft. Hier ist das auslösende Verlusterleben nicht

---

[1] Weitere Informationen unter: https://www.suzannefirstenberg.com/in-america-remember

vordergründig, sondern oft abstrakt und komplex und versteckt sich hinter diversen Deckemotionen. Auch wenn diese Trauervarianten durchaus individuelle Anknüpfungspunkte aufweisen, so führen sie doch hinüber zu den im nächsten Kapitel beschriebenen Formen gemeinschaftlicher Trauer.

2. *Gemeinschaftliche Trauer aufgrund eines kollektiven, singulären (und oft nicht für alle Trauernden zunächst von großer Bedeutung gewesenen) Verlustereignisses (z.B. Tod einer Celebrity, aber auch verlorene sportliche Wettkämpfe)*
Hier wird durch Traueremotionen ein Gruppenbewusstsein erzeugt, mit all den dazugehörigen Gruppengefühlen wie etwa Zugehörigkeit und Solidarität (z.B. Schwender 2001). Nicht der viele Menschen betreffende Anlass macht in dieser Variante also das Kollektive aus, sondern die Traueraffekte der Vielen sind ausschlaggebend. Es ist hier das Miteinander-Trauern mit z.T. massenhafter psychischer Ansteckung mit der Trauer von Identifikationsfiguren. Eine solche Form des kollektiven Trauerns ist oft unumgänglich, um aus ihr heraus zu neuen Handlungen zu kommen: »Wir sollten trauern um das, was wir zerstört und was wir anderen Menschen angetan haben und auch darum, wie sehr wir uns von unseren natürlichen Lebensgrundlagen entfremdet haben« (Münch 2022).
Bei der sog. Climate Grief hingegen finden wir einen makrosozial auf die Klimaveränderungen und die damit notwendigen Verabschiedungen (z.B. von Urlaubsflügen und Fleischessen) bezogenen Trauerprozess, der aber auch durchaus Abwehrprozeduren (klassisch psychoanalytisch betrachtet finden wir z.B. Verdrängung und Verleugnung) unterworfen ist. Ein ähnlicher Begriff ist die sog. Ökologische Trauer (ecological grief), die sich auf konkret erlebte Verluste durch den Klimawandel bezieht und v.a. bei Gruppen zu beobachten ist, die sich stak mit den Klimaveränderungen auseinandersetzen (z.B. Schrader 2022). Gelingt Climate Grief, so ist sie u.U. auch eine situationsadäquate Stimmung und Emotionsausdrucksmöglichkeit, um einer vorgreifenden »prätraumatischen Belastungsstörung« (van Susteren 2021), die das

kommende Unheil antizipiert, vorzubeugen.
Hier kommt die von der amerikanischen Philosophin und Gendertheoretikerin Judith Butler (z. B. 2020) aufgeworfene Frage nach der »Betrauerbarkeit« (bei Butler: eines Lebens) bzw. deren Verweigerung ins Spiel. Erweitert betrachtet betrifft die Frage nach der Betrauerbarkeit zwar durchaus Personenschicksale (z. b. die ertrunkenen Flüchtenden im Mittelmeer), ist aber darüber hinaus auch auf Werte und Gewohnheiten anwendbar.

In beiden Varianten macht kollektive Trauer anschaulich, erlebbar und erfahrbar, was sonst evtl. im (persönlichen oder Gruppen-)Unbewussten seine Wirkung zeigen würde. Darin hat sie einen Großteil ihrer Bedeutung. Auf der anderen Seite ist aber auch davon auszugehen, dass selbst ganz *alltägliche* kollektive Trauergeschehnisse, wie z. b. der Tod eines Popstars, nicht völlig unabhängig von der kulturellen Vergangenheit der betroffenen Großgruppe ablaufen werden. So meint etwa der Psychoanalytiker und Autor Hans-Jürgen Wirth in Bezug auf die deutsche Situation:

> »Wann immer existenzielle Fragen [...] thematisiert werden, werden auf einer unbewussten Ebene automatisch auch die traumatischen Ereignisse aus der deutschen Vergangenheit mit aktiviert und beeinflussen den Prozess der Auseinandersetzung mit den aktuellen politischen [und persönlichen, Anm. d. Verf.] Fragen« (Wirth 2022, S. 168)

Besonders zu betonen sind in diesem Zusammenhang auch die unterschiedlichen Formen der Trauer im Netz, die allein schon durch die Form des Massenmediums kollektive Ausmaße annehmen. Dabei geht die Bandbreite von virtuellen Friedhöfen bis hin zu in sozialen Medien geteilter gemeinschaftlicher Trauer oder Aufrufen zur Teilnahme an großen, dann mehr oder weniger spontan ablaufenden Trauerveranstaltungen. Eine *kollektive Trauer 2.0* als eine besondere Form der Trauerarbeit im World Wide Web mit ihrer speziellen Verstrickung zwischen Formen privater und öffentlicher Kommunikation (Marx 2019) kann konstatiert werden, die *analoge* kollektive Trauerformate, wie sie hauptsächlich Gegenstand des hier vorliegenden Textes sind, nicht abzulösen, sondern eher zu begleiten scheint.

6 Die Orte der (kollektiven) Trauer

Traditionell ist in unserer Kultur Trauer eng mit der Begräbnisstätte, bisweilen (z. B. bei Kriegsopfern, aber auch bei Opfern von Unfällen, vgl. Aka 2007) mit dem Sterbeort verbunden. Diese wichtigen *Trauerorte*, v. a. die Begräbnisorte, sind noch immer stark reglementiert, obwohl ein großer gesellschaftlicher Drang zur Diversifizierung zu bemerken ist. Deutschland besitzt bis heute eine der konservativsten Bestattungsgesetzgebungen weltweit und nur langsam öffnen einige Bundesländer ihre Reglementarien. Diese Enge scheint von breiten Bevölkerungsteilen ohnehin nicht mehr akzeptiert zu werden, es gibt Hinweise auf ein großes Bedürfnis, einen Trauerort mit den sterblichen Überresten des Verstorbenen (meist die Asche) etwa irgendwo im Wald oder auch bei sich zu Hause im Garten schaffen zu dürfen. In kollektiven Trauerszenarien spielen Bestattungs- und Strebeorte ebenfalls eine Rolle (Beispiel für letzteres ist der Gedenkort an den Tod von Lady Diana über dem Tunnel in Paris, in dem das Unglück geschah).

Aber auch Wohnorte, Arbeitsplatz, Schule etc. werden, meist in spontanen Aktionen und mittels Niederlegung von Blumen oder persönlichen Gegenständen, zu Orten kollektiver Trauer. So sind wohl vielen Menschen die Bilder zum Tod Prinzessin Dianas bekannt, auf denen die Queen an einem Meer von für die Verstorbene niedergelegten Blumen vor dem Buckingham Palace entlang geht.

Durch das Aufstellen von Bildern in der häuslichen Umgebung wiederum entsteht eine Form kollektiver Trauer, die nicht mehr auf einen gemeinsamen Ort eines Trauergeschehens angewiesen ist. Trotzdem weiß sich jeder und jede mit einer großen sozialen Gruppe einig, wenn etwa zu Michael Jacksons Geburtstag Millionen von Menschen weltweit eine Kerze vor dessen Bild anzünden. Eine Zwi-

Abb. 6.1: Flamme de la Liberté, Place Diana, Paris (Foto: R. T. Vogel)

schenstellung nehmen die genannten kollektiven Trauerformate im Internet ein.

Kollektive Trauer findet also bisweilen an Orten der Erinnerung statt und lädt diese wiederum regelmäßig mit Erinnerung auf. Sie schafft aber auch neue Erinnerungsorte, spontan an der Wohnungstür eines Gewaltopfers oder staatlich verordnet durch Gedenkstätten und Denkmäler. Letztere dienen nicht selten »der ›Konservierbarkeit‹ von Erinnerungen durch die Verknüpfung mit Orten« (Augusta 2023, S. 150), während spontane und vorübergehende Trauerort eher

6 Die Orte der (kollektiven) Trauer

Abb. 6.2: Blumenmeer als Zeichen der Trauer (Foto: Henk Vrieselaar – stock.adobe.com)

Ausdrucks- und unmittelbare Bewältigungszwecke zu haben scheinen. Bisweilen entstehen »Gedächtnislandschaften« als »materialisierte Gedächtniskultur« mit den Merkmalen »räumlicher und symbolischer Verdichtung« (Fischer 2016, S. 9).

Gedenkorte sind in ihrer Intension aber nicht nur rückwärtsgerichtet. Zum einen soll zwar durchaus ein Erinnern erfolgen, zum andern regen sie aber nicht selten konfrontativ auch zu Veränderung an. Ein gutes Beispiel hierzu ist der 2022 auf dem Stadtfriedhof Linz/St. Martin in Traun, Österreich, eröffnete Gedenkort für Menschen, die auf der Flucht verstorben sind.[2]

Die psychologische Notwendigkeit von konkreten Trauerräumen ist wahrscheinlich, jedoch wissenschaftlich noch nicht eindeutig geklärt. Die Wichtigkeit der Bereitstellung von Räumen zur kollek-

---

[2] Weitere Informationen unter: https://www.linzag.at/portal/de/privatkunden/trauer/friedhoefe/stadtfriedhof_linz_st_martin1

tiven Trauer ist aber unbestritten und gehört zu einer humanistischen Kulturpolitik. Orte als Möglichkeitsräume für eine kollektive Trauer zu schaffen, ist v. a. bei kollektiv geteilten Trauererfahrungen nötig und von eminenter Bedeutung, etwa wenn nach einer Katastrophe viele Menschen eines Ortes verstarben. Auch im Migrationskontext, wenn auf der Flucht Mitglieder einer Gruppe zu Tode kamen oder im Herkunftsland Krieg herrscht und Menschen sterben, wird dies deutlich. Überhaupt kann die Notwendigkeit einer kollektiven Trauerkultur für MigrantInnen nicht genügend betont werden. In Deutschland gibt es hierzu wohl eine ambivalente Tradition bzgl. der Betrauerung des Heimatverlustes (weit mehr als 10 Millionen Menschen flüchteten aus den ehemaligen deutschen Ostprovinzen, viele Hunderttausende fanden dabei den Tod).

Im besten Fall sind kollektive Trauerorte auch heilsame Orte und ermöglichen, inspirieren und umschließen schützend einen konstruktiven individuellen Trauerprozess. Hier ist es die Aufgabe, nicht an Konfessionen gebundene Räume zu schaffen unter Beteiligung der Betroffenen. V. a. bei Verlusterfahrungen, bei denen es keinen formalen Bestattungsort gibt, etwa bei Krieg und Terroranschlägen, Flugzeugunglücken oder manchen Naturkatastrophen, weil keine Leiche gefunden werden, sind *abstrakte* Trauerorte von besonderer Bedeutung. Genannt sei hier das äußerst eindrückliche 9/11 Memorial[3] auf Ground Zero in New York, an dem täglich trotz großer Touristenströme kollektive Trauer zu beobachten ist.

Auch Holocaust-Gedenkstätten dienen, neben ihrer politischen Funktion (s. o.), der kollektiven Trauer. An solchen Orten sehen wir, dass die Menschen, die in Trauer zusammenfinden, durchaus unterschiedliche Trauermotive mit sich führen. Jüdische Trauernde, die um Angehörige ihres Volkes oder sogar Verwandte trauern, haben völlig andere Trauermotive als Deutsche, die auch die Grausamkeit, zu der Angehörige ihres Landes fähig waren, zu betrauern haben. »Gedenkstätten an Orten großer Konzentrationslager waren und sind für Angehörige und überlebende Verfolgte zuallererst große Fried-

---

3 Weitere Informationen unter: https://www.911memorial.org/

höfe; als solche sind sie Orte der Ruhe, des Gedenkens für die Toten, Orte des Gebets und der persönlichen Trauer« (Genger 1995, S. 48).

7 Kunst und kollektive Trauer

Kunstschaffen und die Todesthemen sind eng verschwistert, die Themen im Umkreis des Todes sind kunstaffin. Seit jeher und in sämtlichen Kulturen gibt es eine enge Verbindung zwischen der Motivation zum Kunstschaffen und den Gegenständen der Kunst einerseits und der Vergänglichkeit, der Endlichkeit und dem Tod andererseits (z. B. Vogel 2018). Das alles ist kein Wunder, ist Kunst doch die bevorzugte Methode des Menschen, sich mit Unfassbarem, Unverfügbarem und Undurchschaubarem auseinanderzusetzen. Dies gilt in besonderem Maße für die Bildenden Künste, die Musik und die Dichtkunst, aber natürlich auch für die darstellenden Künste oder die Schriftstellerei. Auch die Trauer ist Ausgangspunkt und/oder Inhalt vielfältigen Kunstschaffens. An dieser Stelle tritt explizit das regenerative Potenzial kollektiver Trauer und hier tritt die regenerative Funktion von Kunst und Kultur auf den Plan (Vogel 2023c). So kann v. a. die Bildende Kunst ihre Kompetenz in der Annäherung an Unaussprechliches vielfältig und eindrücklich unter Beweis stellen. Man denke, um nur ein Beispiel zu nennen, etwa an die ständige Kunstausstellung der Gedenkstätte Buchenwald (Stiftung Gedenkstätte Buchenwald 2005).[4]

Trauer-Großereignisse sind nicht selten von künstlerischen Elementen begleitet oder gar durch diese strukturiert. Deren unverkennbar positiver Nutzen muss kritisch begleitet werden, um das Überhandnehmen von Aufmerksamkeits- und Eventinszenierungen im Sinne einer *Szenokratie* zu verhindern, die den Schwerpunkt des Geschehens weg von der Trauer hin zum Ereignis als solches lenken. So nämlich wäre das kollektive Trauergeschehen »eine schiere Ausweitung der Szene, eine medienwirksame neue Inszenierungsform

---

4 Weitere Informationen unter: https://www.buchenwald.de/besuch/ausstellungen

[...], die ihre auffallende Erscheinung zuvörderst den Geschehnissen und Ereignissen sowie den emotional befrachteten Bildern von Protestlern, Demonstranten und Aufständischen der globalisierten Gegenwart – in ihrer kreativen Rolle als Bürgerkünstler und zivile Performer – verdankt, und dabei formalästhetisch wie inhaltlich noch an den kunst-avantgardistischen Aktionismus der 1960er und 1970er (i.e. Aktionskunst, Fluxus, Event, Happening, Body Art, Performance Art u.a.m.) erinnert.« (Scorzin 2015, S. 121). Gleichzeitig wird der Tod durch solche Spektakel auch zu einem »außeralltäglichen Ereignis, einer radikalen Ausnahme, die mit der gewöhnlichen Lebenswelt nichts zu tun hat« (Welzer 2021, S. 52) und das Grundanliegen der kollektiven Trauer wird unter bunter Action verschüttet.

Aber nicht nur die Inszenierungen, auch die Gedenk*orte* sind zu einem großen Teil künstlerisch gestaltete Orte. Architektur und die Bildenden Künste stehen, wenn nicht ausschließlich historische Orte gewählt werden, hier als besondere Sparte einer *Kunst im öffentlichen Raum* an erster Stelle. Man denke etwa an Günther Ueckers *Steinmal* im Keller der sog. Häftlingskantine des KZ Buchenwald (Uecker 2000) und die Wiederholung der Installation mit Weimarer BürgerInnen 2023.[5]

Das 9/11 Memorial zum Gedenken an die Anschläge vom 11. September 2001 (und auch vom Februar 1993) am Ground Zero in New York ist für sich als Kunstwerk zu verstehen, und es gibt sehr viel weitere Kunst in dessen unmittelbarer Umgebung. Im Zentrum steht *Reflecting Absence* vom amerikanischen Architekten Michael Arad und dem Landschaftsarchitekten Peter Walker (zwei dunkle Wasserfall-Pools, umgeben von einem bronzenen Geländer, auf das die Namen Opfer graviert sind).[6]

Denkmäler bzw. Monumente als Gestaltungsmittel von Gedenkorten gibt es schon lange in der Menschheitsgeschichte. Das Wort

---

5 Weitere Information unter: https://www.buchenwald.de/besuch/veranstaltungen/Steinmal-f%C3%BCr-Buchenwald
6 Weitere Informationen unter: https://www.911memorial.org/

7 Kunst und kollektive Trauer

Monument selbst leitet sich ab von dem lateinischen Wort *monere*, das man als *publik machen, erinnern* übersetzen kann. Monumente sind quasi Markierungen des Gedenkens. Ihr historischer Ausgangspunkt als *lieu de mémoire*, als Ort der Erinnerung, sind die französischen Arbeiten des Historikers Pierre Nora (z. B. Nora, 1992) und seitdem ist viel kulturwissenschaftliche Forschung bis hinein in aktuelle Zeitgeschehnisse passiert (z. B. Foote, 2003). Der Wert von Gedenkmonumenten gerade in Fällen von disenfranchised grief (▶ Kap. 8) wird hierbei besonders herausgestellt (z. B. Faro 2020).

Die Möglichkeit einer *Reflecting Absence* zeigt deutlich die Potenziale von Kunst auf dem Gebiet der kollektiven Trauer. Sie bindet das Unaussprechliche des Geschehens in ein Bild. Das ermöglicht Trauer und (Er-)Schrecken (auch bei denen, die nicht aus persönlicher Betroffenheit trauernd den Ort aufsuchen, geschieht dies oft überraschenderweise) und verleiht gleichzeitig Kraft, Zuversicht und Hoffnung. Das Ganze wirkt bisweilen wie eine kollektive Form *rezeptiver Kunsttherapie* in der durch Betrachtung und Auf-sich-Wirken-Lassen heilsame Prozess in den Individuen in Gang kommen können. In Deutschland spüren wir ähnliche Phänomene beim Erleben des im Land wohl größten Trauer- und Gedenkmals, dem Holocaust-Mahnmal des amerikanischen Architekten Peter Eisenman in Berlin-Mitte. Es besteht aus einem begehbaren gewellten Feld aus 2.700 dunklen Stelen. Auch wenn im Namen des Denkmals nur die Mahnung angeführt ist, so ist auch dieser künstlerisch geschaffene Ort ein Ort der (möglichen) kollektiven Trauer, die, je nach Geschichte der Betrachtenden, aber sehr unterschiedlich motiviert und ausgestaltet sein kann (s. o.).

8 Weitere Funktionen kollektiven Trauerns

Die Wirkungen kollektiver Trauerphänomene lassen sich auf das Individuum und auf die jeweilige (Groß-)Gruppe beziehen. Kollektives Trauern verschafft Möglichkeiten des Traueraudrucks, die vom Individuum alleine vielleicht niemals in Betracht gezogen würden Das Sterben der Betrauerten (z. b. des Popstars) konnte meist auch sinnlich nicht mitvollzogen werden oder war gar völlig unbekannt, bis die Todesnachricht medial verbreitet wurde. Hier schafft kollektives Trauern auch Orte der Begegnung und vielleicht sogar Beziehung, virtuell und/oder physisch. Ein Effekt, der in einer Kultur mit erheblichem Potenzial an Einsamkeitsleid nicht unerheblich ist.

Kollektive Trauer kann sozialpsychologisch auch als Umgangsweise mit gesellschaftlichen Vulnerabilitätserfahrungen (z. B. anhand von Terroranschlägen) aufgefasst werden. Sie macht die individuelle und v. a. gesellschaftliche Verletzlichkeit deutlich, entpathologisiert die dazugehörigen Emotionen und bietet gleichzeitig ein Bewältigungsmuster der Solidarisierung und Ritualisierung an.

Bei der medialen Konfrontation mit dem Tod bekannter Menschen kommt es bisweilen zu einer Reaktivierung eigener Trauerereignisse. Eine *disenfranchised grief,* also eine bisher aberkannte individuelle Trauer (Doka 1999), kann stellvertretend bzw. verschoben ausgedrückt werden. So wurden etwa schon früh in Dänemark oder in den Niederlanden und nun auch in Deutschland öffentliche Denkmäler errichtet, um aberkannte Trauer von Eltern früh verstorbener Kinder einen Ort zu geben. Mehr als 160 solcher Orte wurden bisher geschaffen.[7]

---

7 Siehe z. B.: https://stadt.muenchen.de/infos/grabanlage-kinder-foeten.html

Dies scheint eine wirkmächtige und den Betroffenen wohltuende Strategie im Umgang mit Gefühlen aberkannter Trauer zu sein (Faro 2021, S. 274). Disenfranchised grief finden wir aber auch als soziale Phänomene. Gesellschaftliche Prozesse nicht anerkannnter, unsichtbar gemachter Tauer beschreibt auch Butler (2005), wenn sie auf die erheblichen Unterschiede in der kollektiv-trauernden Reaktion auf Terroropfer in der westlichen Welt mit Nicht-Wahrnehmung der Opfer von Femiziden in Lateinamerika vergleicht.

Neben diesen Ansätzen von Kollektivierung individueller Trauer ist auch der umgekehrte Weg, die Individualisierung nicht anerkannter kollektiver Trauer zu beobachten. »Wir dürfen annehmen, dass keine Generation imstande ist, bedeutsame seelische Vorgänge vor der nächsten zu verbergen«, wusste schon Freud (1931). Erkennbar ist diese Tatsache etwa, wenn generationenübergreifend nicht stattgefundene gesellschaftliche Trauerprozesse (in der BRD etwa verlorene Kriege) in den psychischen Symptomen einzelner zu finden sind, ein Phänomen, das sich als vererbte Trauer bezeichnen ließe und in der Psychotherapie als *Transgenerationale Weitergabe unverarbeiteter Traumatisierungen* wissenschaftlich gefasst und umfangreich beschrieben wurde (z.B. Rauwald 2013). Eine bewusst vollzogene kollektive Trauer, ein »erinnerungskultureller Umgang« (Welzer 2021, S. 53) mit früheren kollektiven Verlusterfahrungen kann also als Beitrag zur Heilung kollektiver Traumatisierungen angesehen werden.

Am Beispiel des Todes von Lady Diana weisen McGuigan u.a. (2000) auf die Funktion einer Bildung eines symbolischen Raumes zum Zwecke affektiver Kommunikation hin. Dieser geht sicher über rein kathartische Effekte – welche gewiss ebenso von Bedeutung sind – hinaus und weist komplexere und auch für die einzelnen Trauernden tiefergehende Strukturen auf.

Immer wieder wird auch die Notwendigkeit von Trauer als Voraussetzung für eine Versöhnungsarbeit und damit subjektiver psychischer Entlastung behauptet. Am deutlichsten zu postulieren, scheint dies die sog. *Forgiveness-Therapy* (z.B. Akhtar & Barlow 2018). Gemeint ist hier aber nicht eine Art moralischer Neubewertung

8 Weitere Funktionen kollektiven Trauerns

traumatischer Erfahrungen, sondern lediglich die Suche nach einer Weise des Abschlusses einer exzessiven Arbeit an der (bisweilen traumatischen) Erinnerung, um so einen gewissen Neubeginn riskieren zu können. Dabei soll auch das erfahrene Leid nicht vergessen oder aber passiv erduldet werden oder eine Versöhnung mit TäterInnen erfolgen. Das Unrechtsbewusstsein der Tat wird durch eine so gedachte Versöhnung nicht erschüttert. Es handelt sich um ein primär intrapsychisches Geschehen, das auch eine direkte Auseinandersetzung mit TäterInnen nicht erforderlich macht und das durch die Möglichkeit kollektiver Trauer erleichtert werden kann.

Bei der Trauer um den *Fußballkaiser* Franz Beckenbauer im Januar 2024, ist ein weiterer, weitgehend unbewusst wirkender Funktionsbereich kollektiver Trauer deutlich geworden, der v. a. im Kontext politischer Trauerinszenierungen gefährlich werden kann: Es geht um eine retrograde *Verklärung* von Personen oder aber, noch drastischer, um eine solche Verklärung der eigenen Beziehung zu dem/der Verstorbenen. Die archaische, in magischem Denken wurzelnde aber immer noch nicht unwirksame Formel, dass über Verstorbene nichts Negatives gesagt und gedacht werden soll, wirkt sich in individuellen wie auch in kollektiven Trauerszenarien bisweilen so aus, dass früher festgestellte negative Eigenschaften des/der Dahingeschiedenen nicht mehr erinnert oder zumindest dissimuliert werden. Die früher negative, ja bisweilen ablehnende Beziehung zu dem Menschen wird nun verwandelt in Bewunderung und der/die Verstorbene werden posthum auf einen Sockel gehoben, der der früheren kritischen oder sogar ablehnenden Beziehung in keinster Weise mehr entspricht.

9 Trauerpolitik – Psychopolitik

Unter dem Titel *Psychopolitik* verfasste der Philosoph Byung Chul Han 2014 ein herrschafts- und gesellschaftskritisches philosophisches Manifest, das schon im Titel eine Aufforderung auch an alle PsychotherapeutInnen enthält, nämlich die psychologischen Mittel, Absichten und Folgen politischen Handelns im Blick zu behalten. Während Han sich auf neoliberale kollektiv-psychologische Effekte wie Selbstoptimierung und -ausbeutung oder den Verlust subjektiver Intimität konzentriert – sämtlich psychotherapeutisch hoch relevante Entwicklungen – wollen wir hier nur einen psychopolitischen Aspekt kollektiver Trauerszenarien beleuchten. Es geht um Trauerpolitik definiert als gezielter Einsatz gesellschaftlicher Trauerereignisse zu politischen Zwecken. Dabei wird vielfach von einer weitgehenden Trauervermeidung der Politik ausgegangen:

> »Weder der deutsche noch der österreichische Gesetzgeber kennt den Begriff der Trauer. Die Politik, so scheint es, drückt sich vor dem Umgang mit Trauer. Zumeist begnügt sie sich damit, bei traurigen Anlässen Betroffenheit zu zeigen und an Staatsbegräbnissen teilzunehmen.« (Geldmacher 2019, S. 8).

Doch ist das wirklich so und wie sieht es mit einer möglichen »Instrumentalisierung« von Trauer (Sörries 2019) durch politische Organe aus?

Fünf grobe trauer-(psycho-)politische Zielsetzungen sind dabei auszumachen:

- Da ist zunächst die direkte und oft auch wenig versteckte propagandistische Verwertung von Trauer z. B. in Zeiten des Krieges zu nennen, um dessen gesellschaftliche Akzeptanz zu erhöhen, Feindbilder zu stärken und das Sterben habituierend in der Gesellschaft zu verankern.

- Umgekehrt können Trauerspektakel etwa um den Tod von Celebrities genutzt werden, um vom alltäglichen Sterben in Kriegen, Hungersnöten, Flüchtlingsdramen, Klimakatastrophen etc. abzulenken oder aber die durch diese geopolitischen Großereignisse hervorgerufenen Emotionen zu kanalisieren und auf Handhabbarkeit hin einzudämmen.
- Drittens ist der Tod von PolitikerInnen sowie die trauernde Begehung von deren Todestagen geeignet, Gesellschaften auf durch diese Führungsgestalten repräsentierten Werte einzuschwören und dadurch die eigene Macht zu festigen oder politische Konkurrenz zu kritisieren.
- Viertens kann eine kollektive Trauerinszenierung das Zusammengehörigkeitsgefühl einer Großgruppe, etwa einer Nation, wiederherstellen und stärken. Die Unterdrückung anderer Arten kollektiver Trauer wiederum mag der Verhinderung der Entstehung oder Festigung oppositioneller gesellschaftlicher Subgruppen dienen: »In other words, grief can be a powerful agent of both social stability as well as change.« (Wagoner & Bresco de Luna 2021, S. 201).
- Fünftens schließlich werden uns trauernde PolitikerInnen als Modell präsentiert, wie in machtpolitischer Perspektive, (kollektive) Trauer auszuschen hat. Das Angebot, sich mit der Trauer und den Trauerhandlungen der PolitikerInnen zu identifizieren, enthält implizit die Hoffnung, dass durch diese Identifizierungsprozesse auch Werte und Normen verinnerlicht werden.

Aber auch *ungesteuert* haben kollektive Trauerphänomene bisweilen weitergehende gesellschaftliche Folgen. Wilson und O'Connor (2022) etwa weisen anhand ihrer jüngsten Untersuchung kollektiver Trauerphänomene bei der schwarzen Bevölkerung Amerikas eindrücklich auf die gruppenbezogenen Besonderheiten (in diesem Fall das kollektive Erleben von strukturellem Rassismus) kollektiver Trauerphänomene hin und stellen dar, wie diese politische und soziale Bewegungen beeinflussen. Kollektive Trauer kann dann als Ausgangspunkt für soziale Veränderungen gesehen werden.

9 Trauerpolitik – Psychopolitik

Der – spontane oder *von oben* angeregte – Aufbau des bereits genannten Kulturellen Gedächtnisses ist eine der vornehmen Aufgaben kollektiver Trauer. Gedächtnisstätten, Monumente, Rituale etc. tragen dazu bei, dass in einer Kultur historische Wissensbestände erhalten bleiben und – im besten Falle – auch ihre affektiven Bedeutungen reaktiviert werden können. Es geht um ein kollektives »Verstehen und Fühlen« (Friedmann 2024, S. 68), das in vielen Fällen an Dringlichkeit gewinnt, denn: »Mit dem Sterben der Zeitzeugen wächst die Notwendigkeit einer wirklichen Erinnerungskultur« (ebd.).

Abb. 9.1: Princess Diana Memorial Fountain, Hyde Park, London (Foto: chrisdorney – stock.adobe.com)

Tiefenpsychologische Ratschläge zu einer förderlichen Trauerpolitik

Bei der Lektüre der vorangegangenen Kapitel dürfte deutlich geworden sein, dass kollektive Trauer durchaus auch positive Wirkungen entfalten kann. Erinnert sei hier lediglich noch einmal an die

Möglichkeit einer heilsamen Konfrontation mit dem Existenziellen
(▶ Kap. 1.2). Um aber diese positiven Effekte zu ermöglichen, sollte sozial- aber auch medienpolitisch aus tiefenpsychologischer Perspektive auf folgende Punkte besonders geachtet werden:

- Möglichkeitsräume für eine geschützte kollektive Trauer bereitstellen
- Mit dem Trauergeschehen einhergehende Skandalisierungen und kollektive Hypererregungen korrigieren
- Verhindern oder zumindest Einschränken regressiver Wirkungen
- Ritualisierungen nicht emotional und inhaltlich entleeren bzw. kollektive Trauerereignisse hinterfragen, wenn dies bereits festzustellen ist
- (Herrschafts-)Politische und ökonomische Missbrauchspotenziale erkennen und verhindern
- Praktische Konsequenzen kollektiver Trauer suchen und formulieren

10 Ein Anwendungsbeispiel zum Abschluss: Die Mega-Trauerevents: Queen Elizabeth II., Lady Diana und Tina Turner

Die wohl weltweit größte kollektive Trauerszenerie ereignete sich am 19.9.2022 in London zum Staatsbegräbnis von Queen Elizabeth II.: eine Million Trauernde in London, darunter 800 Staatschefs, und eine gigantische Medienaufmerksamkeit mit stundenlangen Live-Berichterstattungen in weiten Teilen der Welt. Es sind kurzfristig spontane, dann aber meist mit medialer Unterstützung inszenierte, oft weltweite kollektive Trauer-Events und sie sind wohl die häufigste und spektakulärste Erscheinung kollektiver Trauer. Gleichzeitig eignen sie sich besonders zur Anwendung vieler der bisher eingeführten Hypothesen.

Die weltweite Trauer und deren Inszenierungen hervorrufende Geschehnisse sind also heute nicht etwa Massensterben in Hungergebieten, Kriegen oder Pandemien, sondern der Tod hyperprominenter Einzelpersonen aus popkulturellen (Musik und Film) oder royalen Bereichen. Soziologisch wird der Prominentenstatus immer wieder im Zusammenhang mit Elitenbildung diskutiert (z.B. Dreitzel 1962), wobei dieser Status bei weitem nicht immer mit einer positiven Bewertung durch das Publikum verbunden sein muss. Der Grad der Prominenz bestimmt sich durch den allgemeinen Bekanntheitsgrad entweder innerhalb einer gesellschaftlichen Subgruppe (wie etwa Wissenschaft oder Sport) oder aber, bei den sog. *Hyperprominenten*, über alle gesellschaftlichen Gruppen hinaus. Prominenz wird also *von unten her* bestimmt, nämlich durch die Bekanntheit in der normalen Bevölkerung. Sie wird aber *von oben* gemacht, durch mediale Entscheidungsträger und die daraus folgende mediale Präsenz. Prominenz hat mit Öffentlichkeit und damit insbesondere mit öffentlicher Sichtbarkeit und öffentlicher Resonanz zu tun. Dabei spielen zwei Nutzungsoptionen eine Rolle: In den eher neoliberal funktionierenden Gesellschaften geht es auch um die Frage nach der Vermarktbarkeit der jeweiligen Prominenz, ob also durch diese direkt (bei deren Erscheinen) oder indirekt (etwa durch deren werbewirksame Koppelung mit Konsumprodukten) Geld zu verdienen ist. In eher autoritär gefassten Gesellschaften geht es um die Möglichkeit der Machterlangung und -erhaltung bzw. um Meinungs- und Stimmungslenkungen mithilfe einzelner, als prominent markierter Personen. In den meisten Gesellschaften unserer Welt finden wir wohl ein unterschiedlich zusammengesetztes Mischungsverhältnis von beiden Aspekten. Nicht zu vernachlässigen sind in der zeitgenössischen Betrachtung auch die mehr und mehr in Erscheinung tretenden *Selfmade-Celebrities*, die, meist innerhalb der sozialen Massenmedien, sich einen Prominentenstatus selbst erarbeiten, der meist aber bei genauer Betrachtung doch wieder in den beiden oben genannten Nutzungsoptionen aufgeht.

Celebrities werden bisweilen sehr intensiv, aber meist nur kurze Zeit betrauert. Die Intensität und Struktur der empfundenen Gefühle können dabei aber durchaus Ähnlichkeiten mit einer Posttraumatischen Belastungsstörung haben und auch andere psychopathologische Phänomene werden sichtbar. So stieg etwa die Suizidalitäts-Rate sowie das selbstverletzende Verhalten in England in den Monaten nach der Beerdigung von Lady Diana signifikant an und dies insbesondere bei Frauen (Hawton u. a. 2000). Die Beziehung der Einzelnen zu ihr wie zu anderen Prominenten ist oft nicht persönlich, sondern lediglich über Medien vermittelt und kann als *parasoziale Beziehung* bezeichnet werden. Sie kann u. U. sogar gegenüber rein fiktiven Personen empfunden werden. Deutlich wird das in den manchmal erschütternden Prozessen, die in den sozialen Medien bisweilen nach dem Film-Tod eines Serienhelden bzw. einer Serienheldin zu beobachten sind. Die jeweils individuell erlebte Trauer ist in diesen Fällen eine Mischung von persönlichen, durch die Art der Beziehung zu dem/der Prominenten bestimmte Trauer mit Trauer-Gruppendynamiken. Prominententrauer macht sich stark fest an den psychologischen Funktionen, die diese Menschen für einen großen Teil der medienkonsumierenden Bevölkerung haben. Sie haben quasi als psychologische Voraussetzungen zu gelten, um überhaupt einen Prominentenstatus erhalten zu können Tiefpsychologisch betrachtet, zeichnen sich Prominente durch ein hohes Potenzial an Identifikations-, Projektions-, Verschiebungs- und Delegationsangeboten aus, die auch beim Phänomen der kollektiven Trauer eine Rolle spielen. Diese Prozesse beginnen oft mit der Identifikation mit der verstorbenen Person oder mit Teilen derselben (etwa zum Zwecke der Selbstwerterhöhung einer Opferidentifikation etc.). Nicht selten gibt es (Trauer-)Großereignisse, wo die öffentlichen Berühmtheiten regelrecht zu einem Symbol von Selbstaspekten des Publikums werden. Die Celebrities können dabei durchaus erst durch eine hohe mediale Aufmerksamkeitslenkung nach ihrem Tod in den Rang von Hochprominenten eintreten, manch ein/e Trauernde/r hat sich vor deren Ableben gar nicht so wirklich für diese Person interessiert. Jedoch zeigt das Beispiel von Prinzessin Diana, die schon Jahre vor ihrem Tod, mehr als viele andere Prominente, zu einer Identifikationsfigur geworden war, dass wohl durch diese, in Teilen der Öffentlichkeit schon über lange Lebenszeiträume bestehende identifikatorische Nähe am meisten emotionaler Effekt bei Trauerereignissen zu erwarten ist. Gleichzeitig, und das ist das Besondere in ihrem Fall, wurde sie medial als klassische Prinzessinnengeschichte, ja fast als Aschenputtel-Erzählung inszeniert, als »wahrgewordener Traum« (Kommentator bei ihrer Hochzeit). Die archetypische Erzählung von der Märchenprinzessin, die den Prinzen bekommt, vom Helden oder vom Messias sind auf Ewigkeit hin angelegt und können psychologisch nicht mit dem plötzlichen Unfalltod derselben enden. Dieser zerreißt die archetypische Erzählung, hinterlässt hoch verwirrt und macht bisweilen tiefgreifende Abwehrmaßnahmen, wie etwa paranoide Abwehrprozeduren (Geheimdienste stecken hinter dem Todesfall) oder Verleugnungen (»Elvis lebt!«), nötig.

2023 verstarb 83-jährig die amerikanische Rock-Sängerin Tina Turner. Es kann davon ausgegangen werden, dass ihr weltweiter Bekanntheitsgrad dem von Lady Diana gleichkam. Trotzdem war global eine völlig andere kollektive Trauerreaktion zu bemerken, auch wenn einzelne Individuen den Verlust wohl ähnlich schmerzhaft empfunden haben mögen. Wie ist diese deutliche Diskrepanz zu verstehen? Turner litt u. a. an Krebs, war lange krank und hatte sich schon lange größtenteils aus der Öffentlichkeit zurückgezogen. Ihr körperlicher Abbau war medial immer wieder Thema. Sie ermöglichte dadurch ein schrittweises Sich-Verabschieden von der idealisierten Person, verbunden mit einer sukzessiven Entidealisierung und Rücknahme archetypischer Projektionen.

Neben diesen auf den/die verstorbene/n Prominente/n ausgerichteten Prozesse kommt es auf einer anderen Ebene zur Identifikation mit der prominenten Trauergemeinschaft, etwa der royalen Familie. Haben wir es mit Menschen zu tun, die bereits über lange Zeit eine meist imaginative Beziehung zu dem/der Verstorbenen hatten, so gelten hier weitgehend die Regeln individueller Trauer. So haben nicht wenige EngländerInnen in Interviews berichtet, für sie sei es, als sei ein enges Familienmitglied verstorben, da Lady Diana seit vielen Jahren fester Bestandteil ihrer intrapsychischen Beziehungswelt gewesen sei. Auch hier können narzisstische Motive dem Wunsch nach Zugehörigkeit zu den berühmten Kreisen zugrunde liegen, es ist aber auch die Option einer individuellen Trauer-Delegation zu nennen. Hier werden eigene, aus heterogenen Gründen nicht betrauerte Ereignisse im seelischen Innenraum manchmal über viele Jahre *angesammelt,* bis sich eine geschützte und vielleicht auch etwas distanzierte Möglichkeit im Versterben einer öffentlichen Person bietet, an deren Tod die eigenen Verlusterfahrungen angeknüpft werden. Quasi als *Nebeneffekt* einer Zugehörigkeitsfantasie ermöglichen prominente Trauerereignisse neben einer stellvertretenden Trauer auch noch die Bearbeitung unerledigter persönlicher Themen der eigenen Biografie (der sog. Komplexe, ▶ Kap. 1.1). So können etwa eigene Mutterthemen in der Auseinandersetzung mit der verstorbenen Queen bearbeitet werden.

Zum psychologischen Umfeld dieser Phänomene gehören auch voyeuristische Elemente kollektiver Trauer. Die *Royals* werden genauestens in ihren Trauerreaktionen beobachtet, aber auch die in der Gruppe Mittrauernden stehen unter Beobachtung. Dies kann Lustaspekte beinhalten, aber auch validierend und versichernd bzgl. eigener Trauererfahrungen sein.

Aber auch die Trauer um Eigenes und Persönliches spielt eine Rolle: Mit dem Tod der öffentlichen Person endet auch ein Stück der eigenen Vergangenheit, die in Verbindung mit dem Prominenten erlebt wurde. Viele Menschen etwa kannten ihre Welt von Geburt an nur in Anwesenheit Queen Elizabeth II. Betrauert wird dabei auch der Verlust an persönlicher Zukunft: Nie mehr werden gemeinsame Erlebnisse mit den Prominenten möglich, wie etwa Konzertbesuche bei Rockstars oder Hochzeits-Events wie in den königlichen Familien.

Schließlich beobachten wir auch eine konstruktive Einübung von Existenziellem (▶ Kap. 1.2): Individuelle und kollektive Identitätsbildungen oder Hinterfragungen des eigenen Selbstverständnisses, z.B. bzgl. der Identität als Brite bzw. Britin nach dem Tod von Queen Elizabeth II. (McGuigan u.a. 2000) sind zu beobachten. Die eigene Sterblichkeit und die Vergänglichkeit der Welt treten ins Bewusstsein, Fragen nach dem Lebenssinn werden aufgeworfen, ebenso Fragen wie: Wie wollen wir selbst einmal von der Nachwelt betrauert und von den Hinterbliebenen gesehen werden? Eigene Trauererlebnisse werden durch die großen kollektiven Trauerevents auch validiert und entpathologisiert und in einer Art Modellernen können Möglichkeiten auch der persönlichen Trauer kennengelernt und eingeübt werden. Hiermit übernimmt die kollektive Trauer um Celebrities sogar Funktionen, die früher von religiösen Institutionen ausgefüllt wurden. Ein Teil der Ergriffenheit der um die Berühmtheiten trauernden Öffentlichkeit mag sich auch dadurch erklären.

Heutzutage sind Prominente v.a. sog. *Media-Celebrities*. Trauer in makrosozialen Zusammenhängen zeigt in der aktuellen Zeit eine zunehmende Dominanz des Bildes über Wort und Text in vielen modernen Gedenkmedien. U. a. über diese Bilder erfolgt – und das ist wiederum ein Nachteil kollektiv inszenierter Trauer – eine mediale Kanonisierung und auch Standardisierung makrosozialer, evtl. aber auch individueller Trauer. Als »mediale Großereignisse der Trauer« (vgl. Althans 2009) geben sie vor, wie »richtig« zu trauern ist. Es kommt zu einer Art gebundener Trauer, die kontrollierbar, verfügbar, steuerbar, da ritualisiert an eine Person gebunden ist. Auch auf die Gefahr von Verschiebungen ist an dieser Stelle aufmerksam zu machen. So kann Lady Dianas Tod mit großem Spektakel begangen werden, statt sich psychischer Reaktionen auf die vielen Kriegstoten oder die täglich verhungernden Kinder (alle 12 Sekunden stirbt ein Kind an Hunger) stellen zu müssen.

Versuchen wir, noch anderen psychologischen Gründen für derartige Massenereignisse im Umfeld von Verlust und Trauer auf die Spur zu kommen, so haben wir zunächst eine Mangelhypothese zu prüfen. Könnte es sein, dass diese emotionalen und auch in Szene gesetzten Großereignisse etwas ausgleichen, das fehlt, ein Bedürfnis stillen, das sonst ungestillt bliebe? Aus der psychoanalytischen Praxis wissen wir, dass das (drohende oder tatsächliche) Ende einer Behandlung sehr häufig auch Trauergefühle auslöst (z. B. Craige 2002), die, wenn sie rechtzeitig erkannt und bewusst gemacht werden, gewinnbringend in den therapeutischen Prozess eingebracht werden können/sollen. Sowohl individuell als auch gesellschaftlich finden wir hingegen eine weit verbreitete Tendenz zur Vermeidung der bewussten Wahrnehmungen von Trennungen, Verlusten und Abschieden, obwohl wahrscheinlich kein Tag vergeht, an dem uns dies nicht mindestens einmal widerfährt: Abschiede von Menschen, Objekten, Idealen, Ansichten, Gewohnheiten etc. durchziehen den Alltag. Unsere auf beständigen Fortschritt und Wachstum ausgerichtete Zeit sieht die (trauernde) Verabschiedung eher als Hindernis und Gefahr einer erfolgreichen Lebensführung. Bewusste Verabschiedungen brauchen Entschleunigung und (kollektive) Räume der Trauer und streuen so Sand ins Getriebe der Optimierungsmaschinerien.

Literatur

Akhtar, S. & Barlow, J. (2018). Forgiveness Therapy for the Promotion of Mental Well-Being: A Systematic Review and Meta-Analysis. *Trauma, Violence, & Abuse, 19(1).* S. 107–122

Aka, C. (2007). *Unfallkreuze. Trauerorte am Straßenrand.* Münster: Waxmann

Althans, B. (2009): Trauer zeigen: Zur medialen Kanonisierung kollektiver Emotionen. In: Bilstein, J., Ecarius, J. (Hg.): *Standardisierung – Kanonisierung.* Wiesbaden: VS Verlag für Sozialwissenschaften

Assmann, J. (2006). Das kulturelle Gedächtnis. In: Derselbe: *Thomas Mann und Ägypten. Mythos und Monotheismus in den Josephsromanen.* München: Beck

Assmann, J. (2007). Die Lebenden und die Toten. In: Assmann, J., Maciejewski, F., Michaels, A. (Hg.): *Der Abschied von den Toten. Trauerrituale im Kulturvergleich.* Göttingen: Wallstein Verlag. S. 16–36

Augusta, G. (2023). *Orte der Erinnerung – Orte des Vergessens.* Forum der Psychoanalyse 39/2. S. 149–161

Bahners, P. (1998). *Moses der Ägypter.* Archiv Deutschlandfunk. Zugriff am: 29.06.2024 unter: https://www.deutschlandfunk.de/moses-der-aegypter-100.html

Beland, H. (2003): Kollektive Trauer – Wer oder was befreit ein Kollektiv zu seiner Trauer? In: Wellendorf, F., Wesle, Th. (Hg.): *Über die (Un)Möglichkeit zu trauern.* Stuttgart: Klett-Cotta. S. 243–262

Bittner, G. (2020). *Mit dem Feuer gehen. Ein Streitgespräch mit und über C. G. Jung.* Würzburg: Königshausen u. Neumann

Bowlby, J. (1984). *Attachment and Loss.* New York: Penguin Books Ltd., 2. Aufl.

Bonanno, G. A. (2001). Grief and emotion: A social-functional perspective. In M. S. Stroebe, R. O. Hansson, W. Stroebe & H. Schut (Hg.): *Handbook of bereavement research. Consequences, coping, and care.* Washington, DC: American Psychological Association. S. 493–515

Bonanno, G. A., Boerner, K. & Wortman, C. B. (2008). Trajectories in grieving. In M. S., Stroebe, R. O. Hansson, H. Schut, W. Stroebe (Hg.): *Handbook of bereavement research and practice. Advances in theory and intervention.* Washington, DC: American Psychological Association. S. 287–307.

Brier N. (2008). Grief following miscarriage: a comprehensive review of the literature. *Journal of Women's Health*, 17 (3). S. 451–464

Brodersen, E. (2023). *Jungian Dimensions of the Mourning Process, Burial Rituals and Access to the Land of the Dead Intimations of Immortality.* London: Routledge

Brumlik, M. (1991). Trauerrituale und politische Kultur in der Bundesrepublik nach der Shoa. *Psychosozial 47.* S. 19–29

Butler, J. (2005). *Gefährdetes Leben: Politische Essays.* Berlin: Suhrkamp Verlag

Butler, J. (2020). *Die Macht der Gewaltlosigkeit. Über das Ethische im Politischen.* Berlin: Suhrkamp Verlag

Caspar, H. (2008). *Erinnerungsorte in Berlin.* Petersberg: Michael Imhof Verlag

Cioran, E. M. (1980). *Syllogismen der Bitterkeit.* Berlin: Suhrkamp

Craige, H. (2002). Mourning analysis: the post-termination phase. *J Am Psychoanal Assoc.50(2).* S. 507–550

Deitzel, H.-P. (1962). *Elitebegriff und Sozialstruktur. Eine soziologische Begriffsanalyse Göttinger Abhandlungen zur Soziologie unter Einschluss ihrer Grenzgebiete.* Band 6. Stuttgart: Enke

Döll-Hentschker, S. (2008). Psychoanalytische Affekttheorie(n) heute – eine historische Annäherung. *Psychologie in Österreich 5/2008.* S. 446–455

Doka, K. J. (1999). Disenfranchised grief. *Bereavement care 18/3.* S. 37–39

Durkheim, E. (2014). *Die elementaren Formen des religiösen Lebens.* Berlin: Verlag der Weltreligionen, 3. Aufl.

Fabry, G. (2010). *Traurigkeit und Trauer.* Universitäts-Vorlesung zur medizinischen Psychologie. Freiburg i. Br.

Faro, L. (2020). Monuments for stillborn children and disenfranchised grief in the Netherlands. Recognition, protest and solance. *Mortality 26/3.* S. 264–283

Fee, A., Jeff, H. & Hasson, F. (2021). Pre-loss grief experiences of adults when someone important to them is at end-of-life: A qualitative systematic review. *Death Stud. 2021 Nov 9.* S. 1–15. doi: 10.1080/07481187.2021.1998935

Freud, S. (1916/2010). *Trauer und Melancholie.* GW, Band X. Frankfurt am Main: S. Fischer Verlag

Freud, S. (1921/1972). *Massenpsychologie und Ich-Analyse.* GW, Band XIII. Frankfurt am Main: S. Fischer Verlag. S. 71–161

Freud, S. (1931). *Totem und Tabu.* Frankfurt am Main: S. Fischer Verlag

Freud, S. & Binswanger, L. (1992). *Briefwechsel 1908-1938.* Frankfurt am Main: S. Fischer Verlag

Field, N. P. (2006). Unresolved grief and continuing bonds: an attachment perspective. *Death Studies 30(8).* S. 739–56.

Frick, E. (2017). Sterbetrauer beginnt mitten im Leben. In: Frick, E., Vogel, R. T. (Hg.): *Den Abschied vom Leben verstehen. Psychoanalyse und Palliative Care.* Stuttgart: Kohlhammer

Friedmann, M. (2024). *Judenhass.* Berlin: Berlin Verlag

FriedWald GmbH (Hg.) (2017). *Abschiednehmen in Deutschland.* Eigenverlag

Literatur

Fischer, N. (2016). *Gedächtnislandschaften in Geschichte und Gegenwart.* Kulturwissenschaftliche Studien. Wiesbaden: Springer Fachmedien

Foote, K. H. (2003). *Shadowed round. America's Landscapes of Violence and Tragedy.* Austin: Texas University Press

Funke, D. (2021). *Das Ungewisse und der innere Raum. Eine religionspsychologische Annäherung.* Gießen: Psychosozial

Geldmacher, Th. (2019). Fehlstellen. Warum die Politik sich mit Trauer beschäftigen sollte. *Leidfaden 8(3).* S. 8–12

Geldmacher, Th., Metz, Ch. & Musiol, D. (2019). TrauerPolitik. Editorial. *Leidfaden 3/19.* S. 1

Genger, A. (1995). Lernen, Erinnern, Gedenken. In: Ehmann, A., Kaiser, W., Lutz, T., Rathenow, H. F., vom Stein, C., Weber, N. W. (Hg.): *Praxis der Gedenkstättenpädagogik.* S. 48–54 Opladen: Leske & Budrich

Giddens, A. (1991). *Modernity and Self-identity: Self and Society in the Late Modern Age.* California: Stanford University Press.

Gilovich, T., Medvec, V. H. (1995). The experience of regret. What, when and why. *Psychol. Review 102.* S. 379–395

Goldbrunner, H. (1996). *Trauer und Beziehung: Systemische und gesellschaftliche Dimensionen der Verarbeitung von Verlusterlebnissen.* Mainz: Matthias-Grünewald

Grimm, J. & Grimm, W. (1984). *Deutsches Wörterbuch.* München: Dt. Taschenbuchverlag

Hacke, A. (2023). Das Beste aus aller Welt. SZ Magazin 44. S. 46

Han, B. Ch. (1998). *Todesarten. Philosophische Untersuchungen zum Tod.* Paderborn: Wilhelm Fink Verlag

Han, B. Ch. (2002). *Tod und Alterität.* Paderborn: Wilhelm Fink Verlag

Han, B. Ch. (2013). *Der Duft der Zeit.* Bielefeld: transcript Verlag

Hanke, St. (2016). *KZ überlebt.* Ostfildern: Hatje Cantz Verlag

Heimerl, K., Reitinger, E. & Dressel G. (2019). Abschiedskultur und Hochschulpolitik. Saying Good-bye to IFF. *Leidfaden 3/2019.* S. 21–23

Herman, S. (2010). Vierzig Jahre später: Trauerverarbeitung nach dem Holocaust. In: van der Hart, O. (Hg.): *Abschiedsrituale.* Paderborn: Junfermann. S. 73–113

Hawton, K., Harriss, L., Appleby, L. et al. (2000). Effect of death of Diana, Princess of Wales on suicide and deliberate self-harm. *British Journal of Psychiatry* 177(5). S. 463–466

Hohage, R. (2004). *Analytische Psychotherapie in der Praxis.* Stuttgart: Schattauer

Jaenicke, Ch. (2021). *Das Risiko der Verbundenheit. Intersubjektivitätstheorie in der Praxis.* Gießen: Psychosozial Verlag

Jaspers, K. (1956). *Philosophie I.* Berlin: Springer, 3. Aufl.

Jung, C. G. (1921/1978). *Psychologische Typen*. Gesammelte Werke, Bd 6. Olten: Walter-Verlag

Jung, C. G. (1934/1976). *Seele und Tod*. Gesammelte Werke, Bd. 8. Olten: Walter-Verlag

Jung, C. G. (1936/1978). *Über die Archetypen und das kollektive Unbewusste*. Gesammelte Werke, Bd. 9, 2. Halbband. Olten: Walter-Verlag

Jung, C. G. (1939). *Bewusstsein, Unbewusstes und Individuation*. Gesammelte Werke, Bd. 9, 1. Halbband. Olten: Walter Verlag

Jung, C. G. (1946/1978). *Die Psychologie der Übertragung*. Gesammelte Werke, Bd. 16. Olten: Walter-Verlag

Jung, C. G. (1950). *Über Wiedergeburt*. Gesammelte Werke, Bd. 9, 1. Halbband. Olten: Walter-Verlag

Jung, C.G. (1957). *Gegenwart und Zukunft*. Gesammelte Werke, Bd.10. Olten: Walter-Verlag

Kahraman, B. (2023). Wozu Rassismuskritik in der Psychotherapie-Profession? *Psychotherapeutenjournal 4/23*. S. 344–253

Kamann, M. (2009). *Todeskämpfe*. Wiesbaden: transcript Verlag

Kast, V. (2011). Natürliche Trauer – komplizierte Trauer. *Psychotherapie-Wissenschaft 2/1*. S. 94–101

Kast, V. (2013). *Trauern: Phasen und Chancen des psychischen Prozesses*. München: Herder Verlag

Kast, V. (2023). Deceased loved in dreams. In: Brodersen, E. (Hg): *Jungian Dimensions of the Mourning Process, Burial Rituals and Access to the Land of the Dead Intimations of Immortality*. London: Routledge. S. 169–181

Kersting, A. (2005). Trauern Frauen anders als Männer? Geschlechtsspezifische Unterschiede im Trauerverhalten nach dem Verlust eines Kindes. *Die Psychotherapie 50/2*. S. 129–132

Kidron, C. A. (2011). Verkörperte Präsenz statt Psychopathologie. Eine Dekonstruktion der transgenerationalen Weitergabe des Überlebenden-Syndroms. In: Brunner, J., Zajde, N. (Hg.): *Holocaust und Träume*. Göttingen: Wallstein Verlag. S.161–184

Kley-Hutz, I. (2003). Tod und Introjekt. In: Wellendorf, F., Wesle, Th. (Hg.): *Über die (Un)Möglichkeit zu trauern*. Stuttgart: Klett-Cotta. S. 364–378

Kohut, H. (1971/1973). *Narzißmus. Eine Theorie der psychoanalytischen Behandlung narzißtischer Persönlichkeitsstörungen*. Frankfurt am Main: Suhrkamp Verlag

Krause, R. (1998). *Allgemeine Psychoanalytische Krankheitslehre. Band 2: Modelle*. Stuttgart: Kohlhammer.

Kübler-Ross, E. & Kessler, D. (2005). *On grief and grieving: finding the meaning of grief through the five stages of loss*. London: Simon & Schuster

Landsberg, P.-L. (2009). *Die Erfahrung des Todes*. Berlin: Matthes & Seitz

Le Rider, J. (2023). *Warum Krieg? Zur Aktualität des Briefwechsels von Einstein und Freud*. Wien: Picus Verlag

Linden, M. (2023). Vergeben und Vergessen in der Bewältigung individueller und sozialer Traumatisierungen und Konflikte. *Familiendynamik, 48/2.* S. 106–114

Lissmann, K. P. (2019). Die Kunst der Wiederholung und ihre Rituale. In: Decker, O., Türcke, Ch. (Hg.): *Ritual. Kritische Theorie und Psychoanalytische Praxis*. Gießen: Psychosozial Verlag. S. 7–20

Lomranz, J. (2011). Aintegration. Ein komplementäres Paradigma zum Verständnis von Holocaust-Überlebenden. In: Brunner, J., Zajde, N. (Hg.): *Holocaust und Träume*. Göttingen: Wallstein Verlag. S. 223–241

Maercker, A. & Ebele, D. J. (2022). Was bringt die ICD-11 im Bereich der trauma- und belastungsbezogenen Diagnosen? *Verhaltenstherapie (2022) 32 (3).* S. 62–71.

Mancini, A. D. & Bonanno, G. A. (2009). Predictors and parameters of resillience to loss. Towards an individual differences modell. *Journal of Personality 77(6)*, 1005–1036

Marx, K. (2019). »Kollektive Trauer 2.0 zwischen Empathie und Medienkritik: Ein Fallbeispiel«. In: Hauser, St., Opilowski, R., Wyss, E. L. (Hg.): *Alternative Öffentlichkeiten: Soziale Medien zwischen Partizipation, Sharing und Vergemeinschaftung*. Bielefeld: transcript Verlag. S. 109–130.

McGuigan, J. (2000). British Identity and ›The People's Princess‹. *The Sociological Review, 48(1).* S. 1–18

Mendel, M. (Hg.) (2023). *Singularität im Plural. Kolonialismus, Holocaust und der zweite Historikerstreit*. Weinheim: Beltz Juventa

Michaels, A. (2007). Trauer und rituelle Trauer. In: Assmann, J., Maciejewski, F., Michaels, A. (Hg.): *Der Abschied von den Toten. Trauerrituale im Kulturvergleich*. Göttingen: Wallstein Verlag. S. 7–15

Mitscherlich, A. & Mitscherlich, M. (1977). *Die Unfähigkeit zu trauern: Grundlagen kollektiven Verhaltens*. München: Piper Verlag

Münch, V. (2022). *Radical Ethics und Alterität: Was die Klimakrise mit unverarbeiteter Schuld, Scham und Trauer zu tun hat*. Vortrag auf der Jahrestagung der DGPT in Lindau

Muksch, M. & Roser, I. (2023). *Männer trauern als Männer: Praxisbuch für eine genderbewusste Trauerbegleitung*. Göttingen: Vandenhoek & Ruprecht

Nora, P. (Hg.) (1992). *Les lieux de mémoire*. Paris: Gallimard.

Petzold, H. G. (2007). Trost und Trauer: Konzepte und Modelle. *Thema Pro Senectute, 2(2).* S. 40–49

Pieper, K. (2023): *Transformationen des Selbst*. Unveröffentlichte Dissertation an der HfBK Dresden

Pollak, T. (2023). Der Wunsch nach Zugehörigkeit. Zur Identitätskonstruktion in Zeiten sozialen Umbruchs. *Forum der Psychoanalyse 39.* S. 345-358

Radebold, H. (2015). *Die dunklen Schatten unserer Vergangenheit.* Stuttgart: Klett-Cotta

Rauwald, M. (2013). *Vererbte Wunden. Transgenerationale Weitergabe traumatischer Erfahrungen.* Weinheim: Beltz

Röseberger, F. & Müller, M. (Hg.) (2014). *Handbuch Kindertrauer. Die Begleitung von Kindern und Jugendlichen und ihren Familien.* Göttingen: Vandenhoeck & Ruprecht Verlag

Rooney, N. (2022). The psychology of collective grief. Zugriff am: 29.006.2024 unter: https://www.bps.org.uk/blog/psychology-collective-grief

Saehrendt, C. (2009). Gedenkstätten als Lernorte? *Geschichte für heute 2/2009,* S. 74-78

Schmidt, Ch. (2015). Rituale. Optimum für die Ökonomie. *Hohe Luft 1/2015.* S. 73-78

Schrader, Ch. (2022). *Über Klima sprechen. Das Handbuch.* München: Oekom

Schwender, C. (2001). *Medien und Emotionen. Evolutionspsychologische Bausteine einer Medientheorie.* 2. Auflage 2006. Wiesbaden: Deutscher Universitätsverlag/GWV Fachverlage

Scorzin, P. W. (2015). Szenokratie der Erregungskultur. Zur Re-Inszenierung und Appropriation der gegenwärtigen globalen Protestkultur in den zeitgenössischen Künsten. In: Bohn, R., Wilharm, R. (Hg.): *Inszenierung und Politik. Szenografie im sozialen Feld.* Bielefeld: Transcript Verlag. S. 121-144

Shatan, C. H. (1989). Happiness is a warm gun. Militarized Mourning and Ceremonial Vengeance. *Vietnam Generation 1/3.* S. 127-151

Shatan, Chaim (1983). Militarisierte Trauer und Rachezeremoniell. In: Passett, P., Modena, E. (Hg.): *Krieg und Frieden in psychoanalytischer Sicht.* Frankfurt am Main: Stroemfeld/Roter Stern. S. 220-249

Sloterdijk, P. (2022). *Wer noch kein grau gedacht hat.* Berlin: Suhrkamp Verlag

Spiegel-Rösing, I. & Petzold, H.G. (Hg.) (1984). *Die Begleitung Sterbender. Theorie und Praxis der Thanatotherapie - ein Handbuch.* Paderborn: Junfermann

Sörries, R. (2019). Regulierung und Instrumentalisierung der Trauer durch die Politik. Leidfaden. *Fachmagazin für Krisen, Leid, Trauer 8(3).* S. 36-40

Stern, D. (2014). *Der Gegenwartsmoment. Veränderungsprozesse in Psychoanalyse, Psychotherapie und Alltag.* Frankfurt am Main: Brandes & Apsel

Stiftung Gedenkstätte Buchenwald und Mittelbau-Dora (2005). *Überlebensmittel. Zeugnis, Kunstwerk, Bildgedächtnis. Die ständige Kunstausstellung der Gedenkstätte Buchenwald.* Weimar: Eigenverlag.

Stroebe, M. & Schut, H. (1999). The dual process model of coping with bereavement: rationale and description. *Death Studies 23(3).* S. 197-224

Literatur

Tschebiner, D. (2023). Semistrukturierte Interviews mit jüdisch-deutschen Ärztinnen und Ärzten über Verlust, Trauer und ärztliche Trauerbegleitung. *Spir. Care 12(3)*. S. 240–49

Tyrkas, V. (2017). »Wird Mama jetzt ein Engel?« Das kindliche Erleben von Trauer und Verlust in der therapeutischen Begleitung von Kindern sterbender Eltern aus entwicklungspsychologischer Perspektive. In: Frick, E., Vogel, R. T. (Hg.): *Den Abschied vom Leben verstehen. Psychoanalyse und Palliative Care.* Stuttgart: Kohlhammer, 2. Aufl.

Uecker, G. (2000). *Ein Steinmal in Buchenwald - 1. September 1939.* Spröde: Edition Schwarz Weiß

van Gennep, A. (2005). *Übergangsriten.* Frankfurt: Campus Bibliothek.

van Deurzen, E. (2002). *Existential Counselling and Psychotherapy in Practice.* London: Sage. 2. Aufl.

van Susteren, L. (2021). Editorial Perspective: A parable for climate collapse? *Child Adolesc Ment Health, 26.* S. 269–271

van der Hart, O. (Hg.) (2010). *Abschiedsrituale.* Paderborn: Junfermann

Vogel, R. T. (2008). Wo soll das alles enden? Das Finalitätskonzept C. G. Jungs im Angesicht des Todes. *Jung-Journal 19/20*

Vogel, R. T. (2015). *Das Dunkle im Menschen. Das Schattenkonzept der Analytischen Psychologie.* Stuttgart: Kohlhammer

Vogel, R. T. (2016a). Selbst und Tod. In: Frick, E., Vogel, R. T. (Hg.): *Den Abschied vom Leben verstehen. Psychoanalyse und Palliative Care.* Stuttgart: Kohlhammer, 2. Aufl.

Vogel, R. T. (2016b). Alchemie und Beziehung. Übertragung und Gegenübertragung in der Analytischen Psychologie. In: Gödde, G., Stehle, S. (Hg.): *Die therapeutische Beziehung in der psychodynamischen Psychotherapie. Ein Handbuch.* Gießen: Psychosozial-Verlag. S. 385–403

Vogel, R. T. (2018). *Analytische Psychologie nach C. G. Jung.* Stuttgart: Kohlhammer

Vogel, R. T. (2018): Todeskünste. Tod und Sterben in der Kunst(therapie). In: v. Spreti, F., Martius, Ph., Steger, F. (Hg.): *KunstTherapie. Wirkung - Handwerk - Praxis.* Stuttgart: Schattauer. S. 291–300

Vogel, R. T. (2022). *Todesthemen in der Psychotherapie.* Stuttgart: Kohlhammer, 2. Aufl.

Vogel, R. T. (2023a). *Psychodynamische Psychotherapie am Lebensende.* Göttingen: Hogrefe

Vogel, R. T. (2023b). Im Zustand der Ergriffenheit. Vehemente Gemütsdynamiken als psychologische Klammer über Krieg, Terror und kollektiver Trauer. *PiÖ 3/23*

Vogel, R. T. (2023c). Regenerationspotenziale von Kunst und Kultur. In: Fuchs, Ch. (Hg.): *Textbuch Kulturarbeit im Klimawandel.* Ingolstadt: Stadtkultur Netzwerk. S. 50–53

Vogel, R. T. (2024). *Das Geheimnis der Seele. Grundlagen einer zeitgemäßen Psychotherapiewissenschaft.* Stuttgart: Kohlhammer

von Franz, M. L. (2005). *Archetypische Dimensionen der Seele.* Einsiedeln: Daimon Verlag

Wagoner, B. & Brescó de Luna, I. (2021). Collective Grief. Mourning rituals, politics and memorial sites. In: Koster, O., Holte Koford, E. (Hg.): *Cultural, Existential and Phenomenological Dimensions of Grief Experience.* Routledge. S. 192–115

Waldenfels, B. (2002). *Bruchlinien der Erfahrung. Phänomenologie. Psychoanalyse. Phänomentechnik.* Frankfurt am Main: Suhrkamp Verlag

Welzer, H. (2021). *Nachruf auf mich selbst. Die Kultur des Aufhörens.* Frankfurt am Main: S. Fischer Verlag

Walthert, R. (2019). *Religiöse und soziale Ordnung.* Berlin: Springer

WHO (2022). *ICD 11 International Classification of Diseases.* 11th Revision

Wirth, H.-J. (2022). *Gefühle machen Politik. Populismus, Ressentiments und die Chancen der Verletzlichkeit.* Gießen: Psychosozial

Wilson, D. T. & O›Connor, M. F. (2022). From Grief to Grievance: Combined Axes of Personal and Collective Grief Among Black Americans. *Front Psychiatry. 2022 Apr 28; 13:850994.* doi: 10.3389/fpsyt.2022.850994

Weischedel, W. (1976). *Skeptische Ethik.* Frankfurt am Main: Suhrkamp Verlag

Wittkowski, J. (1978). *Tod und Sterben. Ergebnisse der Thanatopsychologie.* Heidelberg: UTB:

Wittkowski, J. (1990). *Psychologie des Todes.* Darmstadt: Wissenschaftliche Buchgesellschaft

Wineburgh, A. L. (2013). Mutual Transformation. *Clinical Social Work Journal 41/4.* S. 366–375

Worden, W. J. (2002). *Children and Grief. When a Parent dies.* New York: Guilford Press

Worden, W. (2009). *Grief, Counselling and grief therapy.* New York: Springer Publishing Company. 4. Aufl.

Yalom, I. (1980/2002). *Existenzielle Psychotherapie.* Bergisch Gladbach: Edition Humanistische Psychologie

Yalom, I. (2001). *Jeden Tag ein bisschen näher.* München: btb

Yalom, I. (2014). *Anleitung zum Glücklichsein (Yalom's Cure).* Dokumentarfilm. Filmverleih Schweiz

Literatur

Zentrum für Kunst und Medien Karlsruhe (2023). *Prätraumatische Belastungsstörung*. Zugriff am: 25.12.2023 unter: https://zkm.de/de/praetraumatische-belastungsstoerung